脱「日本的思考」のすゝめ

グローバルリーダー
養成講座 Global Leader Training Course

永田公彦

日本能率協会マネジメントセンター

はじめに

私達は、グローバルに連鎖した連続的な変化の下、将来予測が困難で、人々の価値観も多様化する世界で生きています。そこで、こうした不確実性と多様性が高まる時代のうねりの中で、強く生きられる人とそうではない人を分かつ決定的な要素があります。

まず、これらの要素は、次のような国際環境に身を置く時には必然的に求められます。

企業・団体の一員として国際関連業務に関わるケース（輸出入、海外拠点の設置と経営管理、海外企業との合弁事業や業務提携、海外企業の買収と買収後の経営管理など）、外資系企業のグローバル本社や国際機関の本部に勤めるケース、個人的に海外に拠点を移すケースです（移住、海外起業、留学など）。

また、これらの要素は、日本国内でも今後ますます求められます。理由は2つです。

1つ目は、否が応でもグローバル社会の荒波がこれまで以上に押し寄せ多様化が急速に進むからです。実際に、外国人住民や日本の企業経営に参画する外資が増えています。雇用がメンバーシップ型（十人一色）からジョブ型（十人十色）にシフトしつつあります。D&I、つまり組織におけるダイバーシティとインクルージョンに対する社会的圧力が高まっています。SDGsをはじめ気候変動、生物多様性の回復、人権問題などに取り組むための国際連携圧力が高まっています。

2つ目は、政界、官界、財界、学界など各界のリーダー的立場にある人達の多くが、こうした要素をほとんど備えていないため、失われた30年が今後も続くと思われるからです。これに伴い今後、日本の多くの組織でこれらの要素を兼ね備えたリーダー出現への期待が高まるはずだからです。つまり、リーダーの新旧交代です。グローバルな視野と新たな視点から変革を抜本的かつスピーディに進められる新しいリーダーへの交代です。

本書では、こうした時代において強く生きるため、またリーダーシップを発揮するために必要な要素とは何か、これらがなぜ必要なのか、どうすれば身に付けられるのかを理解していただけます。

その結果、これまで見えていなかった景色が広がるようになります。自分自身を客観的に見つめ、自分と異なる文化や考えをもつ人達にも寛容になれます。さらに、未知の世界で生きる度胸と胆力がつき、怖いもの知らずになってゆきます。

これにより、みなさまの人生の選択肢と可能性がグローバルに広がります。生きてゆける国や地域、就ける仕事、出会える人とネットワークの広がりです。そして人としての器が大きくなります。自らのコンフォートゾーン（心地よき領域）も広がり、より幸福度や自己肯定感も得られやすくなります。

なお、本書でお伝えする全てのことは、筆者自身の25年にわたる現場での実践活動（調査・コンサルティング・教育研究）から得た知見と、それを補完する複数の専門家による理論に基づいています。現場とは、ルノー、ロレアル、ＬＶＭＨグループ、トムソン、アレバといった欧州企業の本社経営幹部とマネジャークラスを中心に、約200社1500人以上の多国籍な企業関係者に向け、多国籍な仲間と進めてきた現場です。またフランスと日本の4つの大学で様々な国籍の学生に行ってきたグローバル人材育成教育の現場です。

また、これら知見を、ごく普通の日本人のキャリアを歩んでいた筆者独自の視点からお伝えします。帰国子女でもなく海外留学経験もない筆者の視点です。生まれてから30代半ばまで、日本でごく一般的なサラリーマン生活を送った後に、国際社会に身を投じた筆者の視点です。そして、右も左もわからない中、失敗と試行錯誤を重ねながら本書でお伝えする要素の必要性を確信するに至った筆者の視点です。

そこで本書では、これらの要素を大きく2つに分けて示します。1つ目は、第1章に示す、7つの当たり前から抜け出すことです。2つ目は、第2~7章に示す、6つの能力を磨くことです。この「抜け出す」と「磨く」は車の両輪のようなものです。日頃から同時に意識し、ご自分のできるところから実践し続けることで効果が高まります。

まず第1章の7つの当たり前とは、多くの日本人が共有する常識です。社会学的には、「ハビトゥス（habitus）」のようなものです。これは、フランスの社会学者・哲学者のブルデューが提唱した行動論の中心をなすものです。「人が日常的な経験の中で蓄積する、本人には自覚されていない知覚・思考・行為の体系的な性質」、つまり人に自然に宿る思考や行動の様式です。

これら7つの当たり前の根底には、日本人社会の文化特性があります。一般的に、他国民に比べ日本人の間でより強く見られる社会特性や人々の価値観、思考、行動、コミュニケーションの様式です。これまでホフステード、ホール、トロンペナース、ターナー、ミンコフ、メイヤーなどの多くの学者、そして複数の教育関連企業が行った国際的な比較文化研究で明らかにされてきたものです。また筆者も、長年の現場経験を通じ認めるものです。特に、高い同質性、集団性、内向性、年齢と年功の上下階層、多用される暗示的コミュニケーション、型の文化、恥の文化などです。

もちろん、日本人が伝統的に育んできた文化特性の中には、世界から賞讃されるものも多くあります。それらは、第3章、第7章と最後「おわりに」の中で、端的にお伝えします。これらは全て、世界がサステナブル社会への転換を急ぐ今日だからこそますます世界を惹き付けるものです。

その一方で、日本では普通に行われていても、世界では通用せず、誤解・不信・衝突の原因となるものがあります。特に本書で示す7つの当たり前です。これらは、国内においても組織や個人の変革を妨げる厄介ものです。これらの当たり前とは一体どのようなものなのか、なぜこれらから抜け出す必要があるのか、どのように抜け出せるのか、その結果どのような良いことがあるのかについてポイントを示します。またみなさまには、本書を読み進める過程で、これら常識から徐々に抜け出していただくことになります。

次に、第2~7章の6つの能力とは、日々磨き続けるべき思考・コミュニケーション・行動面での能力です。具体的には、「多種多様な文化をもつ人達と共存共栄するために必要な力」「客観的に全体知をもって日本と日本人を伝える力」「広い視点から物事をとらえ構想する力」「多様な相手と効果的に対話する力」「より早くより短くより楽しく仕事を進める力」「グローバルな視座で、歴史、哲学、宗教などの文化的教養を高める力」です。

いずれも、一般的かつ相対的に日本人が弱いとされる能力です。このことは、一部の知識人や筆者だけでなく、多くの海外に住む日本人や日本と関わる外国人が指摘するところです。

また、いずれもグローバル社会では、仕事や生活上のあらゆる場面で有益かつ必要不可欠なものです。さらに今後は日本国内でも、少なくともリーダーや管理職の立場にある、またはこうした立場を目指す人には、ますます求められるものです。

本書では、これらが一体どのようなものか、なぜこれらを高める必要があり、どのように高められるのか、その結果どのような良いことがあるのかについて、本質的な理解を促します。また、実際のケースを交え、本書を読み終えた後も日常の仕事や生活の場で活用いただける内容にしています。

さて当然ですが、人の可能性は、生きてきた環境の多様性に比例して広がります。例えば、似たような文化・価値観をもつ100人の住民が暮らす村で生涯変わらぬ仕事や生活を続けるAさんがいたとします。一方、いろいろな土地に住み、また旅をし、多様な文化・価値観をもつ人達と出会い、いろいろな仕事や生活を経験するBさんがいたとします。この場合、明らかにBさんの方が人生の選択肢と可能性が広がります。

このように本書は、みなさまのように、「水平性の向こうには何があるのか？」とOpen-Minded、つまり心が開かれた個人と組織関係者（企業、行政機関、教育機関など）に向け執筆しました。

個人のみなさまには、「これまでの自分、仕事、生活を別の視点から客観的に見つめたい」「将来に向け自分をより高め変えてゆきたい」「より自分の個性を活かし自分らしい人生を送りたい」との願いに対し、人生の選択肢と可能性を広げるための指針にしていただければ幸いです。

組織関係者のみなさまには、「より抜本的に組織の構造的問題を解決したい」「イノベーションが起き続ける独創的で多様性のある組織文化を築きたい」「世界で戦えるグローバルリーダーを増やしたい」「海外事業経営を効果的に進めたい」などの課題への対応にお役に立てるものと確信しています。

目次

序章

当たり前の引き出しを増やそう

第1章

7つの当たり前から抜け出す

第2章

異文化マネジメント力を磨く【国際人基礎】

第3章
全体知で日本を伝える力を磨く
【思考・コミュニケーション】

第4章 グローバル構想力を磨く【思考】

第5章

インパクトある対話力を磨く【コミュニケーション】

第6章

早・短・楽の仕事力を磨く【行動】

第7章

グローバル視座で教養を磨く

序章

当たり前の引き出しを増やそう

当たり前の5つの特性

私達は、日常生活の中で何気なく「こうすることが当たり前だろう」と考え、また口にします。そして、当たり前には、「私の当たり前（個人的なもの）」と「私達の当たり前（集団的なもの）」の2つがあります。そのうち後者が常識といわれるものです。国・地域・職場・学校など、ある特定の集団に属する人達の間で、「これが普通であり当然」と広く共有される価値観に裏付けられた思考、コミュニケーション・行動のパターンです。

そこで、当たり前には5つの特性があります。

1つ目は、当たり前は、その人（達）が生きてきた環境の影響を受け形成されることです。どの時代に生まれ育ってきたか、どのような家庭に生まれ育ったか、どのような歴史、宗教、気候風土、歴史的出来事のある国や地域で暮らしてきたか、どのような人と接してきたか、どのような教育を受けてきたか、どのような組織でどのような仕事をしてきたかなどです。

2つ目は、当たり前は、生きる環境が変われば、変わることがあるということです。また は、環境が変われば、あえて変える必要性が生じることもあるということです。「昔の常識は、今では役に立たない、日本の常識は世界では通用しない、だから変える必要がある」ということです。

3つ目は、「自分達の当たり前（常識）は、相手の当たり前（常識）」との錯覚を起こしやすいことです。人はつい、自分の頭と体に染みこんだ当たり前のフィルターを通して外の景色を見がちです。つまり、自分達の価値観、思考、コミュニケーション・行動を基準にして、他人や事象を評価しがちです。「あの人はこうだ……」「この出来事はこうだ、だから良い、悪い……」とバイアス（偏見）をかけ、判断をする傾向があります。

4つ目は、日本などの集団主義かつ文化的同質性の高い社会では、常識の数も社会的役割も大きくなります。個人よりも組織の意思や判断を大切にするため、「私達の当たり前」

である常識が多く形成され受け継がれるからです。そして、これら常識と「私（個人）の当たり前」が重なることが多くなります。

従って、こうした社会では、次の2つの傾向が強くなります。1つ目は、法律以前に常識が、社会や組織内の秩序を保つための行動規範や一般的判断基準（ノーム）として機能し得ることです。2つ目は、個人の当たり前を意識する機会が少ない反面、常識を気にかけ、それに合わせようとする人が増えることです。常識に合わせておけば、個人としてのリスクが減るためです。逆に、その常識が本当に正しいのか？　時代や環境にマッチしているのか？　と深掘りして考えることが少なくなります。その結果、「はんこ」「ファックス」「フロッピーディスク」が象徴するような、時代や環境に合わない常識がいつまでたっても残り、運用されるということになります。

5つ目は、逆に、欧米諸国などの個人主義かつ文化的多様性の高い地域では、常識の数も社会的役割も小さくなります。組織よりも個人の意思や判断を大切にする十人十色な社会だからです。また、こうした社会では、常識よりも明文化され強制力のある法律などの手段を用いないと社会秩序を保つことが難しくなります。

ここが不思議だよニッポン人の○○

前述の5つの当たり前の特性から、人は、自分達とは異なる「当たり前」をもつ人（達）の発言や行動を不思議に感じることがあります。また、その意図や内容が理解できず疑問を抱きます。

例えば、次ページの「日本人ビジネスパーソンに対する25の疑問」は、日本人と仕事をした経験のある外国人の多くが抱く、日本人の言動に関する25の疑問です。これらは、彼らが抱く数ある疑問の中で、特に多くの人達から出るものです。

筆者が1000人以上の人達から得た生の声です。20年以上にわたる異文化マネジメント教育や国際事業経営サポートの現場を通じてです。彼らは全員、欧米系企業や在外の日系企業に勤める様々な国・地域のマネジャー達です。具体的には、日本企業と取引をしている、M&Aや合弁事業を通じ日本人と協業する欧米系企業の人達、または日系企業に勤め、日本人駐在員や親会社と仕事をする人達です。また、その多くは、日本に限らず他のアジア諸国も含め国際経験が豊かな人達です。

ここで、みなさまに25の疑問点を一つひとつご覧いただきたいのです。しかも、軽い頭の体操のつもりで、次の2点を自問自答しながらです。

1. なぜ彼らはこのような疑問を抱くのか？
2. これらの疑問にどう答えると、彼らはわかってくれるだろうか？

なお、最初にお断りしておきますが、彼らは全ての日本人がそうであると言っているわけではありません。また、日本人を批判したり、ダメだと言っているのではありません。単に接点のある日本人とうまく仕事を進めたいがゆえに知りたい疑問であるとご理解ください。

日本人ビジネスパーソンに対する25の疑問

1. なぜ、彼らは「日本では……日本人は……」との発言が多いの？
2. なぜ、こんなことを、わざわざ会って話したがるの？
3. なぜ、我々に対する態度が、日本人同士のものと違うの？
4. なぜ、オフィスの中で小走りする人がいるの？
5. なぜ、最初からいろいろな細かい情報をほしがるの？
6. なぜ、こんなこと（すぐ判断し、すぐできるようなこと）に、時間がかかるの？
7. なぜ、目的や結果よりプロセスにこだわるの？
8. なぜ、互いに了解したはずなのに、彼らは違う方向に進んでるの？
9. なぜ、自分の（個人としての）考えを言わないの？
10. なぜ、日本人は口数が少ないの？
11. なぜ、日本人は激務にめげず体がもつの？
12. なぜ、彼らは、昼（会社にいるとき）と夜（アフター5）の顔がこんなに変わるの？
13. なぜ、同じことを何度も繰り返し聞いてくるの？

14. なぜ、会議に出ている人達の多くは発言しないの？
15. なぜ、報・連・相型の会議が多いの？
16. なぜ、会議中に人前で居眠りする人がいるの？
17. なぜ、相手は、責任者も出ている会議なのに、その場で即決してくれないの？
18. なぜ、仕事を頼んでくるときに「なぜ、それをやる必要があるのか」を言ってくれないの？
19. なぜ、契約に入ってないことを「これやって」と言ってくるの？
20. なぜ、いつも「URGENT」と緊急の依頼が多いの？
21. なぜ、彼らの依頼に答えたのに、その内容に対するフィードバック（コメント）がないの？
22. なぜ、彼らは、我々の普段の行動を細かく知りたがるの？
23. なぜ、彼らは、仕事中も休憩時間も会社や仕事の話ばかりするの？
24. なぜ、私達の名前を呼んでくれないの？
25. なぜ、店やレストランに入った時や出るときに挨拶しないの？

彼らの疑問はどこからくるのか？

いかがでしたでしょうか？　前述の頭の体操の目的は、25の疑問に対する正解探しではなく、「常識」について深く考察することです。

みなさまの中には、今すぐ2つの自問自答に対する答えを知りたいという方がいるかもしれません。ただ、それは不可能です。自分で考え独自の正解を見つけていただくしかありません。理由は次の2つです。

1つ目は、これら25の疑問もそうですが、この種の問いには絶対的な正解はないからです。2つ目は、仮に正解らしきものがあったとしても、「それは、人が教えてくれるのが当然」という受け身の姿勢そのものが国際環境では通用しないからです。特に、不確実性が高く正解のない現代社会ではそうなります。なお、この点は、第1章の抜け出すべき当たり前⑦「お上や他者がやってくれる」で詳しく述べます。

とはいうものの、①の自問自答「なぜ彼らはこのような疑問を抱くのか？」については、仮説としての筆者の見解を次に示します（・の部分）。また②の自問自答「これらの疑問にどう答えると、彼らはわかってくれるだろうか？」については、第1~7章の随所に解やヒントを示します。つまり、本書を最後まで読んでいただければ、みなさま自身の解を見つけられるようになります。

なぜ、彼らはこのような疑問を抱くのか？

1. なぜ、彼らは「日本では……日本人は……」との発言が多いの？

・あたかも日本を代表し言っているかのように映るから

・あたかも日本（だけが）は特殊と言っているように映るから

2. なぜ、こんなことを、わざわざ会って話したがるの？

・会うための移動時間が無駄。電話やメールで済ませればよいレベルの業務と考えるから

・FACE TO FACEコミュニケーションの重要性が低いから

3. **なぜ、我々に対する態度が、日本人同士のものと違うの？**

・自分たちを特別視しているかのようで疎外感を抱くから
・ミーティング回数や会話量が日本人同士では多いが、自分達とは少ないと感じるから

4. **なぜ、オフィスの中で小走りする人がいるの？**

・単にオフィスで走る意味がわからないから

5. **なぜ、最初からいろいろな細かい情報をほしがるの？**

・まずはコンセプト、つまり目指すべき方向性や姿とそこに至るための大枠の戦略などを議論・確定・共有することが大事と考え、詳細はそれに基づき、段階的に詰めてゆけばよいと考えるから

6. **なぜ、こんなこと**（すぐ判断し、すぐできるようなこと）**に、時間がかかるの？**

・まず決めて、動き出し、動きながら修正してゆけばいいと考えるから
・彼らには大して難しいことと思わないから

7. なぜ、目的や結果よりプロセスにこだわるの？

・大事なことは、「なぜ、やるのか」「何を目指すのか」であり、「やり方」は状況により柔軟に変えてもよいと考えるから

8. なぜ、互いに了解したはずなのに、彼らは違う方向に進んでいるの？

・約束事を破っている、無視された、はぐらかされた感じがするから

9. なぜ、自分の（個人としての）考えを言わないの？

・相手の個人としての顔が見えないため、親近感が湧かないから

10. なぜ、日本人は口数が少ないの？

・何を考えているのか、何を言いたいのかが、わかりづらく、違和感があるから

11. なぜ、日本人は激務にめげず体がもつの？

・長時間労働のイメージがあるから（残業、飲み会、少ない休暇、長時間の満員電車など）

・実際に、日本時間の真夜中にメールが発信されているから

12. なぜ、彼らは、昼（会社にいる時）と夜（アフター5）の顔がこんなに変わるの？

・昼間の硬い真面目な表情と、夜のカジュアルでときに乱れた姿との違いが大きいから

13. なぜ、同じことを何度も繰り返し聞いてくるの？

・「Yes, OK」と言っていた、または質問や反対意見もなかったので理解してくれたと思ったから

14. なぜ、会議に出ている人達の多くは発言しないの？

・発言しないのに会議に出ている理由がわからないから

・無発言者が、ずっと自分達を観察しているようで居心地が悪いから

15. なぜ、報・連・相型の会議が多いの？

・会議は、関係者間で議論して、次にとるべき行動を決めるためにあると考えるから

・報告や連絡は、メールなどでシェアすれば済むと考えているから

16. なぜ、会議中に人前で居眠りする人がいるの？

・単に昼寝は、相手に失礼、また議題に興味がないと考えるから

17. なぜ、相手は、責任者も出ている会議なのに、その場で即決してくれないの？

・会議は、関係者間で案件について議論し決断する場と考えるから

・決断することが責任者の大きな役割や必要能力の１つと考えるから

18. なぜ、仕事を頼んでくるときに「なぜ、それをやる必要があるのか」を言ってくれないの？

・仕事を頼んだ相手にその目的を伝えるのは礼儀と考えるから
・仕事の目的により、やり方が変わると考えるから

19. なぜ、契約に入ってないことを「これやって」と言ってくるの？

・自分の仕事は契約で定められた範囲に限ると考えるから
・契約外の仕事を「強要してくる」ようで誠実さに欠けると感じるから

20. なぜ、いつも「URGENT」と緊急の依頼が多いの？

・どの仕事を優先したらよいかわからないから
・常に時間的圧力をかけられていると感じるから

21. なぜ、彼らの依頼に答えたのに、その内容に対するフィードバック（コメント）がないの？

・人に頼んだ仕事に対しては感謝するのは当前と考えるから
・こちらの回答が、良かったか何か足りなかったか、質問や気づいた点がないか気になるから

22．なぜ、彼らは、我々の普段の行動を細かく知りたがるの？

・自分が監視されているようで不快だから

・仕事は結果で評価されるものと考えるから

23．なぜ、彼らは、仕事中も休憩時間も会社や仕事の話ばかりするの？

・互いに良い関係を築くには仕事の話以外をする必要があると考えるから

・職場での笑いやカジュアルな対話は、職場の雰囲気を良くし、人の幸福感も高まると感じるから

24．なぜ、私達の名前を呼んでくれないの？

・名前を呼んだ方が互いの距離も近づき関係を築きやすいと考えるから

・名前を呼ぶことで、相手に敬意を払うことになるから

25．なぜ、店やレストランに入ったときや出るときに挨拶しないの？

・自分にサービスを提供してくれる人達に挨拶や感謝するのは当然と考えるから

・自分と店やレストランの人達は対等な関係であると考えるから

当たり前の衝突を避けるために

自分達の当たり前に基づいて行われる生活や仕事は、内輪（自分と同じ当たり前をもつ人達が大勢いる社会）ではさほど問題が発生しません。むしろ、良いことが多くあります。例えば、みなで共有する暗黙の了解事が多いため、わざわざ言葉にしなくても互いに通じ合え効率的に物事が進められます。そして組織の和も保たれます。

ところが、これを異なる当たり前をもつ人が多い社会に持ち込むと、相手との衝突リスクが高まります。つまり、自分達の発言や行動を理解してもらえず、相手との距離も縮まりません。それどころか、誤解やコンフリクト（衝突）が多発します。その結果、仕事もうまく進まず、良い結果を残せません。企業であれば事業撤退を余儀なくされることもあります。筆者はこうしたケースを多く見てきました。また実際に、こうした問題を抱える多くの企業に呼ばれサポートをしてきました。

そこで、こうした衝突リスクを減らし、互いに上手にお付き合いするためには、次の2つのことが必要になります。

1つ目は、前述の頭の体操でしていただいたことです。自分達と相手の当たり前を、客観的に理解します。

そして、相手の目線に立って、自分達の常識がどういうもので、なぜそうなのかを相手にわかりやすく説明することです。

2つ目は、自分達の当たり前から意識的に抜け出すことです。全ての当たり前とはいいませんが、相手から理解を得にくく、相手との衝突リスクが高いと思われるものから抜け出してください。

また、抜け出すというのは、捨て去るということではありません。とりあえず引き出しにしまっておくということです。

そこでまず、どの当たり前から抜け出すべきか？　一般的に多くの日本人が共有する当たり前には、世界で通用する、さらに世界を魅了するものがあります。

逆に、世界では通用せずリスクが高い、また日本においても今の時代や環境と親和性が薄れつつあるものがあります。

本書では、これらの中でも特にリスクの高い7つを客観的に捉え第1章で取り上げます。

当たり前の引き出しを増やし、人としての器を大きくする

人がもつ当たり前の数は、人としての器の範囲を決定します。器とは、情報、思考、行動、経験、人生の可能性などです。

その器を大きくするために鍵となるのが「ダイバーシティ」です。多様な人達と多様な場所で多様な経験を積むことです。

逆に、長年同じ環境の中で生きているとどうなるでしょう。自分達とは別の当たり前をもつ人達と遭遇する機会が限られます。仮に出会うことがあっても、恐る恐る対応する、面倒臭がり避ける、頭も心もシャッターを下ろしたかのように閉ざすようになります。その結果、視界も心も狭いまま一生を過ごすことになります。そして環境変化や新しいことに対し、拒否感と不安だけが高まり、自ら将来の可能性を切り開くことができなくなります。

一方、様々な異なる環境で生活や仕事をし、様々な異なる当たり前と遭遇してきた人は、当たり前の引き出しを多くもっています。いろいろな異なる当たり前をもつ人達と対話し、信頼関係を築き、より良い仕事ができます。
また、状況や相手に応じて複数の当たり前を使い分け、ピンチをチャンスに変えるなど環境変化に柔軟に対応します。

以上のように、人は、当たり前の引き出しの数で、人としての器の大小が決まるのです。野球のピッチャーに例えるなら、同じ速さの直球しか投げない選手より、対戦するバッターやセットカウントにより、様々な球種を自由自在に使い分け投球できる選手の方が、勝率がはるかに高まるようなものです。

では、どうすればより多くの引き出しをもつことができるのか？　これらを自由自在に操り、変化が激しく先が不透明なグローバル社会で強く生きてゆけるようになるのか？

その第一歩が、次の3つのことをすることです。

1つ目は、冒頭の頭の体操でやっていただいたことです。当たり前を、自分(達)と相手の双方の視点から、その成り立ちも含め深く理解することです。

2つ目は、第1章に示す7つの当たり前から抜け出すことです。なぜなら、これらはグローバル環境では自身の立場を不利にするからです。最悪の場合、国際問題にまで発展します。また、日本国内においても、近年の不確実性と多様性が高まる時代においては、非合理性が高く、また必要な抜本的変革の妨げになるからです。

そして3つ目は、第2章以降に示す6つの能力を磨くことの必要性を理解いただき、実践いただくことです。

もちろん、3つとも一朝一夕に成せるものではありません。まずは本書の次章以降に示す内容をご理解ください。さらに読後は、日頃から意識的にこれを実践していただくことです。

また実践にあたっては、可能な限り非日常空間に積極的に身を置いてみてください。例えば、異業種交流、異人種交流、多国籍交流、転職、海外留学、海外転勤、海外移住などです。これにより、より早く様々な異なる引き出しをもてるようになります。

なお、本書を読み進める最中、または読後の実践過程で、ご質問や別のご意見がある場合は、お気軽にご連絡ください。喜んで拝見しお返事させていただきます。ともに学び合い、ともに高め合うことができる貴重な機会ですから。

第1章

7つの当たり前から抜け出す

抜け出すべき当たり前①
「肩書が必要」

日本は、世界屈指の肩書大国です。ここでの肩書とは、人がもつ称号や帰属する集団など個人の社会的な役割や立場を示すものです。もちろん、肩書なるものは世界中に存在しますが、特に日本では、次の3つの特性から、その社会的な役割が異常に大きくなります。

1つ目は、肩書が、「不可欠なもの」「公私両用」「生涯のもの」ということです。このことを如実に示す2つの慣習を示します。1つ目は、初対面の相手と最初にかつ自動的に行われる名刺交換です。交換された使用済み名刺の大半は二度と見られない、賞味期限が数年しかない（勤め先での転勤、引っ越し、組織改編や転職などで内容が変わる）、営業用DMリストに加えられるなどのリスクがあるにもかかわらず行われます。そして、環境問題の解決に向けた省資源が叫ばれ、デジタルツールが発達する時代においても刷られ続けます。おまけに、ワーク・ライフ・バランスが叫ばれながらも、土日のプライベートな集まりにまで名刺ケースを持ち歩く人もいます。このように名刺交換という慣習は、肩書がいかに「不可欠なもの」かつ「公私両用」であるかを示しています。2つ目は、冠婚葬祭です。結婚式では挨拶者の肩書が参加者に伝えられます。そして、死ぬまで肩書が付きまといます。葬式では、神官や司会者により、故人はもとより、弔電や花輪の差出人の肩書まで読み上げられます。「○○株式会社、取締役専務、○○様」という具合です。このように冠婚葬祭は、肩書がいかに「公私両用」かつ「生涯もの」であるかを示しています。

2つ目は、次に示すように、何でもかんでも肩書になり得ることです。「私は○○○」「彼は○○○」という日本人の会話の中で日常的に出てくる社会的な立場や上下関係を暗示するものです（カッコ内は、一般的に上に見られる肩書の例）。

- どの業界で仕事を？（総合商社、金融業……）
- どんな職業を？（医者、弁護士、大学教授……）
- どの会社にお勤め？（有名大企業、外資系大手コンサルティング……）
- どの事業所に勤務？（本社、本店……）

- どの部署に配属？（事業開発、経営企画……）
- どの採用パターン？（本社採用、正社員……）
- どの大学の出身？（有名進学中高や伝統的な有名大学、英米の有名大学院……）
- どんな人を知っている？（著名人、有力者……）
- どこの出身？（東京都港区、芦屋市……）
- どんな家系？（政治家系、官僚系、医者系……）

3つ目は、肩書を通して人（個人）を見る傾向が強いことです。その結果、名刺交換したにもかかわらず名前ではなく肩書や会社名で相手を呼び続ける人が多くいます（○○社さん、部長、先生はどう思われますか？）。また、何度会っても人の顔や名前を覚えない人が多くいます（特に肩書上、自分より下の立場の相手、仕事で繋がる可能性が低いと判断する相手に対し）。

しかし、少なくとも国際社会では、こうした当り前から抜け出してください。また今後は日本にいたとしても、抜け出されることをおすすめします。

理由は3つです。1つ目は、海外では通用しない、また国内でも所属組織の看板に頼ることなく個人の魅力や実力でやっていけることが求められる時代だからです。2つ目は、世界的な潮流であるサステナブル社会やデジタル社会への移行に逆行するものだからです。3つ目は、相手に「あなた（個人）には興味がないですよ」と言っているようなもので失礼だからです。

もちろん、どこの国であっても、仕事の便宜上の理由で名刺交換することはあります。会った人と今後も連絡を取り合う必要があり、しかも事前にメール交換などで相手の名前や連絡先がわかっていない場合です。

しかし、繰り返しますが、初めて会う人との対話において、こうした組織の看板よりも大事なことは、プロとしての話と人の中身です。

抜け出すべき当たり前②
「成功者＝富や名声を得た人」

世界を巡ると、実に様々なキャリアを歩む人と遭遇します。腕利きの投資銀行マンからお菓子職人なる人、トラック運転手を辞めデジタル系スタートアップ企業を興した人、何十年もひたすら水玉を描き続ける芸術家、トップビジネススクールを出て僧侶になる人、建築技師から羊飼いになる人、仕事を辞め1年かけ自転車で大陸横断する人など多種多様です。みなさんそれぞれ自分の仕事への誇りと自尊心をもって生きています。

もちろん、日本でも様々な職業は存在します。ただ日本には、多くの国民が共有する1つの特徴的なキャリア観があります。それは、「成功者」＝「富、名声、または世間的評価の高い肩書を得た人」ということです。こうした成功者が、社会的ロールモデルとなり「自分もこうありたい」と考える人や「自分の子供は将来こうあってほしい」と願う親が多くなります。

また、こうした成功者と見なされる人達は、社会から大きな脚光を浴びます。例えば、「彼は大企業の役員まで上り詰め成功した」「あの著名実業家の成功ストーリーが聴ける講演」「難関大学に合格し成功者への第一歩を踏む」などが日常会話やメディアから聞こえてきます。

そして、こうした成功者になるための典型的なキャリアパスが2つです。1つ目は、戦後多くの日本人親子が一心不乱に目指してきた「有名大学を出て、有名企業や中央官庁などで仕事をし、出世して偉くなる」というものです。この価値観は、近年ゆっくりと薄れつつあるものの、いまだに主流で支配的です。2つ目は、最近になり注目されてきた、「有名大学から起業、そして事業成功」というものです。いずれのキャリアパスも、富、名声、肩書を得る＝成功者という構図の上に成り立つものです。

一方、少なくとも国際社会では、こうした当たり前から抜け出してください。また今後は日本にいたとしても、抜け出されることをおすすめします。

もちろん、世界のどこにでも富、名声、肩書をもつ人達はいます。ただ、少なくとも筆者が接したこうした人達は、みなさん謙虚で控えめです。決して「自分は偉い」「有名だ」、または「金持ちだ」という素振りを見せません。逆に世の中も、単純に彼らを社会的勝者と見なすことはありません。また、憧れの対象にもしません。

こうした傾向は、特に社会的に成熟した欧州では顕著です。近年では、歴史上の経緯から物質的かつ金銭的な夢の実現者を成功者としがちだった新興国アメリカですら、この価値観が薄れ多様化しているといわれます。

いずれにせよ大切なことは、人生の成功・失敗の統一概念はそもそも存在しないということです。仮に成否を問うにしても、それは周りが決めるものではありません。本人の自意識の中でもつものです。どの学校を出ようが、どの職業に就こうが、どれほどの収入を得ようが、本人がそれに納得し、誇りを抱き、満足していればいいのです。

抜け出すべき当たり前③「ルールに従い続ける」

ルール（英語では支配の意もある）は、国際社会、国、地域、企業、役所、学校、家庭などあらゆるところにあります。社会の秩序を保つためです。そしてルールには、次の3つの特質があります。

1つ目は、「明文化されたルール（法律、条約、協定、契約、規定、マニュアルなど）」と「暗黙のルール（慣習、しきたり、空気、周囲の目など）」の存在です。これら2つのカテゴリーにあるルールの数や使われ方は、国・地域・組織などにより異なります。

一般的に、個人主義かつ多様な社会では、明文化されたルールの比重が高まります。理由は、異質な文化・価値観をもつ個人の集合体であるがゆえ、暗黙の了解が通用しないためです。ですから、社会秩序を保つためには、ルールを明文化し共有する必要があります。

逆に、文化的に集団主義かつ同質社会では、暗黙のルールが多くなります。また仮に明文化されてもあいまいなものが多くなります。理由は、同質の環境で生まれ育つ人達の集まりであるがゆえ、暗黙のうちに共有できる価値観・経験・情報が増えるからです。

2つ目は、時代や状況の変化に応じ、「ルールをさっさと変える社会」と「簡単には変えない社会」があることです。

前者は、変革志向の強い社会でよく見られます。そもそもルールに絶対的なものはないとの前提があります。仮に不備がある、または時代に合わないルールは変えないと社会が進歩しないと考える人が多い社会です。

逆に後者は、現状維持志向の強い社会に見られます。慣れ親しんだルールに粛々と従う方が、自分も楽であり、社会の混乱も起きないので良いと考える人が多い社会です。

3つ目は、ルールに対し「柔軟な社会」と「厳格な社会」があることです。

前者は、車がいなければ信号が赤でも渡るようなものです。その前提には、ルールには例外もあり、守るか否か、どこまで守るかの判断は、その状況に応じ判断すべきとの考えがあります。

逆に後者は、車がいなくても信号が青になるまで待つようなものです。その前提には、ルールはルール、例外なくこれに従うべしとの考えがあります。

そこで日本の特徴は次の4つです。

1. 暗黙のルールが社会の至るところにあり、時代や状況の変化に応じ新しいものも生まれる（コロナ禍での自主警察など）
2. 振る舞い方とやり方に関するルールは細かく明文化される（電話応対の仕方、駅や電車でのマナー、公衆浴場の入り方、ゴミの捨て方など）
3. ルールは変えるものではなく守るもの（憲法から業務規定までなかなか変わらない）
4. ルールを、常に強く意識し暮らしている。逆にルールがないと、動きにくいと感じる、または既存のルールから外れた場合、困惑する、またはパニックに陥る傾向が強い

しかし、少なくとも国際社会においては、こうした当たり前から抜け出し、次の3点を

心がけてください。また今後は日本にいたとしても、こうされることをおすすめします。

1つ目は、それが暗黙であれ明文化されたものであれ、「そもそも、なぜこのルールがあるのか？」と問い、ルールの本質を理解することです。

2つ目は、「本当にこのルールに従い続けていいのか？」「このルールはこう変えることで、より良い仕事や生活ができるのでは？」と問い、必要に応じ可能な範囲で変えることです。

3つ目は、既存のルールにないことは（相対的に海外では「やり方」についてのルールは少ない）、自分なりのルールを設定し、それに従うことです。

抜け出すべき当たり前④「知らぬは恥、間違うも恥」

日本では、次のような2種類の発言をよく耳にします。

1つ目は、知らぬは恥です。「君はそんなことも知らずに恥ずかしくないのか？」「知らないなら口を出すな」「そんなことも知らないのか。勉強してから出直してこい」などです。

2つ目は、間違うは恥です。「だって間違えたら恥ずかしいし」「人生の道を間違えた」「その年になって間違えを犯すとはけしからん」などです。

こうした「知らぬは恥、間違うも恥」の文化は、他人や自分を厳しく追い詰めます。また、人としての可能性を削ぐことになります。筆者は、こうした発言がまかり通る文化の根源は、知識偏重教育にあると考えています。子供の頃から、世の中のことには正解があり、それは先生から与えられるもの、それを暗記し試験でそれを探し当てるもの、その試験の得点で学校の成績も受験の合否も判定されるという教育です。最近は、試験の点数だけでなく、総合型選抜（旧ＡＯ入試）による採用枠も増えつつありますが、全体的には試験の点数はいまだに支配的です。

また、その点数を高め受験戦争に勝つためのテクニックを教える受験産業（塾、予備校、学習系出版社など）も、少子化社会にもかかわらず全く衰えていません。また、こうした「知らぬは恥、間違うも恥」を助長する教育を勝ち抜いてきた人が有名大学に入り、社会の重要ポストに就きます。まさに子供から大人まで知識偏重社会に浸かっているのです。

しかし、国際社会においては、こうした当たり前から抜け出してください。欧米を中心に先進国では、知らぬは恥ではありません。なぜなら、知ることよりも考えること、知ることよりも各人が夢中になれることに打ち込むことを大事にするからです。そもそも、いろいろなことを知る全能の神のような人は存在しません。また、多くの知識には賞味期限もあるので知ったところですぐ使えなくなることが多いからです。ですから、もし相手の発言の中で、自分が知らないことがあれば、その場で自分で調べるか、「それって何ですか？」と聞けばいいだけのことです。

また、間違うは恥ではありません。前述したとおり、日本語では間違いを「犯す」と言います。犯すとは「法律・規則・道徳など守るべきルールを破る行為（広辞苑）」です。まるで「間違うとえらいことになるぞ」と脅迫されるようです。

一方、欧米を中心に個人主義かつ多様な社会では、そもそも世の中には唯一の正解や絶対的なルールはないとの前提があります。ですから究極的には何が合っていて何が間違っているかに絶対的、普遍的、恒久的な答えはないのです。ですから法律など社会のルールを破らない限り、変なことをしても「君の考えや行動はユニークだ」「貴方はチャレンジ精神が旺盛だ」などと褒められることはあっても罰を受けることは少ないのです。

抜け出すべき当たり前⑤
「ノーと言うのは良くない」

人は誰でも仕事で次のような場面に遭遇します。

■相手から何かを依頼されたとき、何らかの理由で、それをできない、したくない、断りたいと思う

■相手から何かを提案されたとき、それが良いと思わない、何らかの理由で、それを断りたいと思う

■相手から「こうしましょう。いいですね？」と尋ねられたとき、何らかの理由で、いやそれは困る、いやそれはできないと思う

一般的に多くの日本人はこうした場面で、その場で「いいえ、それはできません」「いいえ、そうとは思いません」「いいえ、それには反対です」などと言葉にしてバッサリ言

いません。その背後には、世界でも特に日本人に強いとされる次の2つの文化特性があります。

1つ目は、コンフリクトの回避願望です。日本人の多くは、考え方や主義主張が異なる相手と衝突や論争するのは良くないと考えます。相手にノーと言うと、気まずい雰囲気になるから嫌だ、相手に失礼かもしれない、相手とのご縁が切れるかもしれない、相手からの反論や「それはなぜ？」との聞き返しに答えるのが面倒と感じる人が多くいます。

2つ目は、暗示的または黙示的なコミュニケーションです。一般的に、日本人同士の対話は、言葉をフル活用した明示的で直接的なものではありません。前述したコンフリクトを回避するためにも、言葉少なに、互いに共有するコンテクスト（文脈、行間、前後の状況、社会的常識、場の空気、周囲の目、距離感など）を多用します。

これら2つの行動特性は、集団主義、同質文化、定着性の高い社会で特に発展します。もともと内輪の人達の間で多くのコンテクストを共有できるため、わざわざ言葉にしなくても通じ合えるからです。アジアやアフリカ諸国の一部でもその傾向はありますが、日本は特にこの2つの特性が強く、ノーと言うのは良くないとなるのです。

しかし、少なくとも国際社会においては、こうした当たり前から抜け出してください。特に、欧米を中心とした個人主義かつ多様な社会では、すぐにノーと言ってあげるべきです。もちろんその理由も付けてです。なぜならば、こうした社会には、日本とは逆に、コンフリクトは良いこと、コミュニケーションは明示的で直接的な方が良いという考えがあるからです。

また、その方が、相手から「この人は正直で隠しごとがなく信用できる」と思われるからです。さらに、そうした方が、相手が返事を待つ無駄な時間を省けるのでより親切だからです。

抜け出すべき当たり前⑥
「空気を読める人＝できる人」

「あの政治家は周りの空気を読むのが下手だから駄目だ」「あの人は空気を読めないから損している」「君ね～もっと職場の空気を読んで仕事してくれよ」……このように日本は、空気を読むべき、読んで行動できる人が優秀な人という考えに支配されています。空気とは、暗黙的に関係者間で広く共有される「人の考えや感情、場の状況」です。これを読むということは「それを察する、または忖度する」ことです。

たしかに、この「空気を読む」は、集団主義かつ同質文化の社会では成立しやすくなります。前述した通り、言葉にしないまでも関係者間で共有される認識が多くあるからです。また、こうした社会の前提には、「人は周りに合わせて行動しなさい」ということがあります。従って、「空気を読む」が、磨くべき技となります。これをマスターする人が、他者との軋轢を避け、世渡り上手になりがちです。

逆に言うと、この技が未熟な人は、上司や同僚の意図や期待に反することをしてしまう。そして後からこれに気づき、上司の顔をつぶしかねません。また、同僚に迷惑をかけ、本人もこれを取り返すために残業が増えるという悪循環に陥ることもあります。

しかし、国際社会においては、こうした当たり前から抜け出してください。特に多様性の高い社会では、空気を読む習慣がなく、相手はみなさまを察することも忖度することもありません。

逆に、互いに共有できるコンテクストが少ないことから、言葉できちんと伝える必要があります。もし、わからないことがあれば相手に質問する、または確認してください。こうした言葉による密な対話を通じて、より正確な意思疎通と状況把握ができ、自分そして組織の仕事がスムーズに運ぶのです。

抜け出すべき当たり前⑦「お上や他者がやってくれる」

日本では多くの人達が、自分（家族も含め）の運命を組織（勤める企業、役所、学校など）やお上（政治家、官僚、一部の権力者や有識者）に預けています。換言すると、自らの人生を自らの意志で切り開いていないのです。組織やお上の意向に合わせ人生を送ることを、意図的に、または仕方なく受け入れているのです。

なぜ、そうなのか？　その背景には、3つの社会構造上の特性と3つの文化的な特性があります。

社会構造上の特性の1つ目は、教育です。多くの日本人が、幼少時から高校まで、学校（お上）がランドセルやユニフォームをはじめ、個人の自由を制限する多くの校則をつくります。その中で、先生（お上）が与えてくれる正解を覚える教育を受けます。その結果、自分独自の意志や考えをもち、それに基づいて行動判断することに慣れていないからです。

2つ目は、メンバーシップ型の雇用制度です。大手・中堅企業、役所を中心に、多くの日本人が、雇用主（お上）の意向による異動や転勤命令を受け入れます。つまり、明日の職場、仕事内容、住む場所などは、自分ではなく雇用主が決めます。また、勤め先により ますが、個人的なこと（所得申告、社会保険、税金申告、健康診断、社内預金など）まで全て雇用主が代行してやってくれます。

3つ目は、ひ弱な民主主義です。日本では、民主主義社会の主役である市民がグリップを握って行動を起こし、お上を倒し、世の中を変えた経験がありません。政治は、自分達が主役として参加するものとの意識が、市民自ら立ち上がり民主主義を勝ち取ってきた国々に比べて弱いのです。この低い参政意識と行動については多くの調査データで表れています（国民の政治や社会に対する関心、国・地方の選挙投票率、デモ、ストライキ、署名活動の頻度や規模など）。

他方、文化的な特性の1つ目は、強い集団性です。集団性が強い社会では共同体の和を重視するがあまり、個人による自発的な行動意欲を削ぐ傾向にあります。

2つ目は、経験を重視した階層社会です。経験と人脈を最重要視する社会では、年齢と年功が高い人達（先輩）が上位階層を占めることになります。そして、彼ら（お上）が社会や組織の方向性やルールづくりで決定的な役割を果たします。逆にこれに従うことに慣れた若く経験の浅い人達（後輩）の多くが、そうしてもらった方が楽と流される、もしくは不満があっても「自分達ではどうしようもない」と諦めることになります。

3つ目は、強いリスク回避願望です。日本人が前例や経験のない未知な人や状況に対し非常に慎重であることは多くの調査研究が示しています。ですから、自分ではなく他者が決めてくれる、またはみなで決めたことに従って動く方が、楽でリスクも回避できるので良いと考える人が増えます。

しかし、少なくとも国際社会においては、こうした「お上や他者がやってくれる」という当たり前から抜け出してください。また、今後は日本にいたとしても、こうした当たり前から抜け出すことをおすすめします。

逆に、仕事では、自らどんどん自発的に判断し動いてください。自らの人生は自分で切り開いてください。他者も組織もみなさまを「自立した大人のプロ」と見なします。彼らがみなさまのことを察する、気遣う、支援の手を差し伸べるということは期待できません。また、今後は日本にいたとしても、こうした当たり前から抜け出されることをおすすめします。

以上、7つの当たり前から抜け出す必要性を示しました。みなさまの中には、今まで、そうすることが当然と思っていた、または、変だなと疑問に思っていても、抜け出す必要性を感じていなかったという方もいると思います。

これを機に、ご自分や愛する家族の将来を明るいものにするためにも、ぜひこれらの当たり前から抜け出し、また同時に第2章以降に示す6つの能力を日々磨いていかれることを強くおすすめします。

第2章

異文化マネジメント力を磨く【国際人基礎】

人の文化とその構造

「文化」の定義は、いろいろありますが、オランダの経営学者・社会人類学者ヘールト・ホフステード氏は「ある集団を他の集団と区別する集団的なマインドプログラミング」としています（Hofstede, 1980)。

つまり、ある集団に属する多くの人々の間で共通に見られる価値観や発言・行動の様式、その結果生まれる創作物です。集団的副産物ですから、序章で示した常識（私達の当たり前）も文化になります。そして、文化は、国民文化、地域文化、企業文化、業界文化、業種文化など様々なレベルの集団で見られるものです。

また、アメリカの文化人類学者エドワード・T・ホール氏は、文化の構成要素には、図表1の氷山のように海面上に現われているものと、海面下に隠れているものがあるとして

図表1：文化の氷山モデル

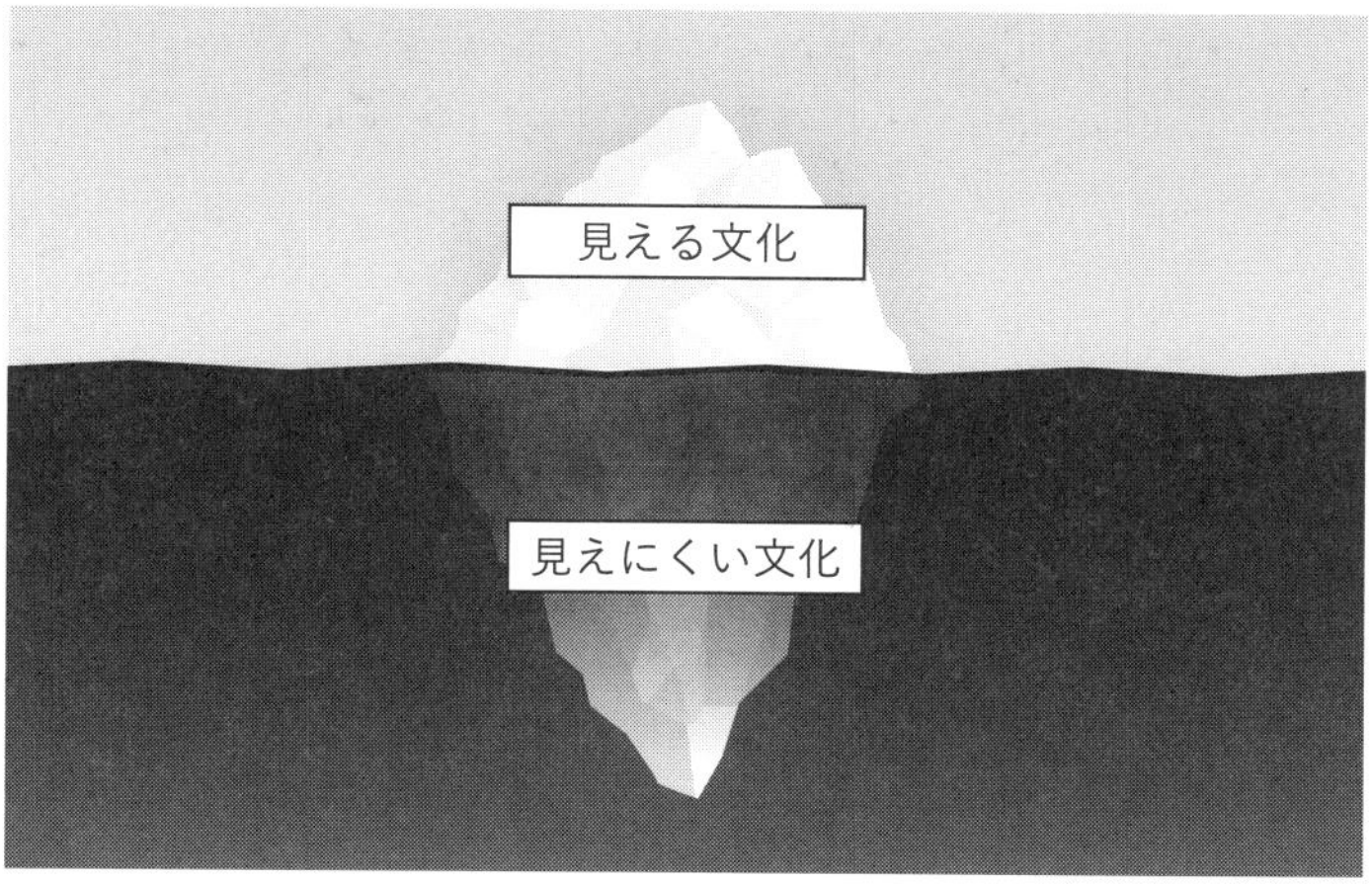

います（Hall,1976）。

彼は、海面上の見える文化要素として、言語、食事、ファッション、休日、祭り、文学、民話をあげています。

筆者はこれに、ジェスチャー、顔の表情、建築物、音楽なども加えています。

また彼は、海面下の見えにくい文化要素として、家族観、ジェンダー観、正義の概念、自己の捉え方、労働倫理、美感、プライドの概念、ユーモア、行動規範、謙遜の捉え方、思考パターン、プライバシー空間、権力との関係性、偏見、信仰、マナー、解釈の仕方、清潔感、健康と医学の捉え方、子づくり子育ての考え、競争の概念などをあげています。

筆者はこれに、コミュニケーション方法、時間の概念、契約の概念、階層の概念、恋愛観、義務と権利への態度、世界観、自然との関わり、歴史観、未来観、友人の概念、失敗の概念、責任観、距離観、空間の概念、礼儀、完成観、ルールへの態度、計画への態度、変化への態度、土着・移動願望、死生観なども含めています。

人の文化は、生きる環境でつくられる

個人に帰属する性格は往々にして先天的なものであるのに対し、集団に帰属する文化の形成は全て後天的な要因によるとされています。つまり、その人が生きてきた社会環境です。それら要因を「国・地域」「家庭」「仕事」「その他」に分けて示すと次のようになります。

1 国・地域（どのような国・地域で暮らしてきたか？）

- 歴史上の出来事（文明、対外戦争、内戦、革命、他国や他民族による占領・植民・統治、外来文化など）
- 宗教（一神教、多神教、教義・教典、異宗教間の関係性、政治との関係性など）
- 地理的条件（大陸国家・島国、平地・山岳地帯、気候区分、自然災害、食糧源、自然資源など）
- 政治体制（君主制、共和制、権威主義、民主主義、外交政策、三権の関係性、国と地方の行政分担など）

■ 住民構成（人種構成、人口動態、地縁、血縁、家族構成、所得格差、外国人居住者など）

■ 教育システム（教育方針、義務教育の体制と内容、高等教育機関の入学・進級方法、教育費など）

■ 芸術文化（国民的文化人、人気の文学、芸能、デザイン、絵画、音楽、映画、スポーツなど）

2 家庭（どのような家庭で生まれ育ったか？）

■ 居住（出生地、居住地、定着か転居が多いかなど）

■ 家族（構成、所得、学歴、職歴、出身地、宗教、子育てと教育方針など）

3 仕事（どのような仕事をしてきたか？）

■ 内容（業界、職種、勤務地、職位、転勤・転職経験など）

■ 組織特性（歴史、文化、規模、グローバル・ナショナル・リージョナル、業績評価方法、人事労務制度など）

4 その他（どのような人生を送ってきたか？）

■ 交友関係（広さ、相手のタイプ、交友方法など）

■ その他（食事、趣味、スポーツ、余暇の過ごし方など）

語学よりも大事な戦略と文化

海外の非英語圏ではあまり聞かれないが、日本でよく耳にすることがあります。「英語が苦手だから国際的な仕事はできない」「社内に英語ができる人材がいないから海外事業は難しい」などです。

ただ、英語が苦手だからと外国人との接点を臆する必要はありません。筆者は、こうした方々に対し、「座学で語学学習もいいですが、それよりも実際に外国人が集まる場所やネットコミュニティーに飛び込んでください。そしてカタコト英語でいいので多種多様な人達との交流を通じ、生の国際教養を高めてください」とアドバイスします。その方が、国際社会で生きる上で有益かつ自身のレジリエンスも高まるからです。

もちろん、英語も含め語学力が備わっていれば、便利なことはたしかです。翻訳することなくその言語圏の情報を広く集め分析できます。また、海外人脈も素早く広がります。

ただ、言語習得は、英語であろうが別の言語であろうが現場で慣れるのが一番です。自らの仕事や生存のために、やらざるを得ない状況に追い込まれれば自ずと身に付きます。何もじっくり基礎学習をした経験がなくとも、その言葉を使って不自由なく仕事も生活もできるようになります。

このことは、長年海外で仕事をするビジネスパーソン、海外でプレーするスポーツ選手、国際結婚で現地での生活を余儀なくされた人、国際的な論文発表の機会が多い学者など多くの人達が証明しています。

また、筆者も含め非英語圏で生まれ育った人の大多数は、ラフな英語でも全く臆することなくコミュニケーションします。このことは、国際的な会議や学会への参加者、また、ユネスコやOECDなど国際機関に世界各地からやってくる出向者と交流するとすぐわかります。「あ、こんな英語でもいいのか」と安心します。

それよりも、国際的な環境で仕事をするために重要なことは戦略と文化の両輪です。良い事業戦略をもって良い異文化マネジメントができれば良い結果が出ます。逆に戦略だけが良くても文化を軽視しては良い結果は生まれません。マネジメントの父とも称されるピーター・ドラッカーは「戦略と文化の衝突では、常に文化が勝る」と断言しています。また、伝説の経営者ともいわれるジャック・ウェルチは「私は、うまくいかない企業買収をした。そこから学んだことは、私は相手の文化に対する考慮を欠いたということだ」と発言しています。

筆者も仕事柄、この文化の衝突による次のようなケースを数多く見てきました。また時にはその問題解決のためのサポートに入ってきました。

- 国際交渉が決裂した
- 買収した海外企業の業績悪化に歯止めをかけられない
- 国際合弁事業を始めたはいいが事業に行き詰まった
- 海外拠点の人員整理や一部廃業・売却を余儀なくされ、そのプロセスがうまくいかず現地の社会問題にまで発展した一方、幸いに文化の重要性を深く理解する企業もあります。筆者もサポートに入ることが多いこうした企業（特に欧州企業）には2つの共通点が見られます。

1点目は、異文化マネジメントを社内教育の重要な柱の1つにしていることです。参考までにお伝えすると、異文化マネジメント教育は、主に企業が国際事業経営において、文化が異なる相手と協業や交渉をする、また文化が異なる人達が集まる組織をリードする際に取り入れられます。これをニーズに応じ、2国間（例：日独）または多国間（例：日米仏中印）で行います。その目的は、文化面での誤解や衝突を避け、文化の違いを超えてより良い信頼関係を築き、効率よく仕事を進め、より良い結果を生み出すためのコツを習得し実践することにあります。

2点目は、この教育を現場の社員に先んじ、トップや役員が自ら率先して受講することです。こうした役員向けセッションでは、まさに戦略と文化の整合性と連動について熱い議論がとり行われます。この点について第7章で2つの事例を示します。

国民文化比較ツールを参考にする

前述した異文化マネジメント教育でよく使われるツールがあります。これまで多くの学者（ホフステード、ホール、トロンペナールス、ターナー、ミンコフ、メイヤーなど）や複数の教育関連企業が調査研究を基に開発しています。これらは全て、数十カ国の国民文化を、様々な切り口で測り、複数のモノサシ上に相対的に位置付けたものです。

例えば、「未知なこと、または相手に対する姿勢」のモノサシです。世の中には、不確実なことが多くあります。特に、前例がない事柄、異質で未知な人達との出会い、慣れ親しんできたものを変えるなどの状況下でこれが強まります。そして、世界にはこの未知なことや人を容易に受け入れる人達と、逆に避けたがる人達がいます。換言すると、リスクを積極的にとる人達とそうではない人達です。

図表2：不確実性の回避

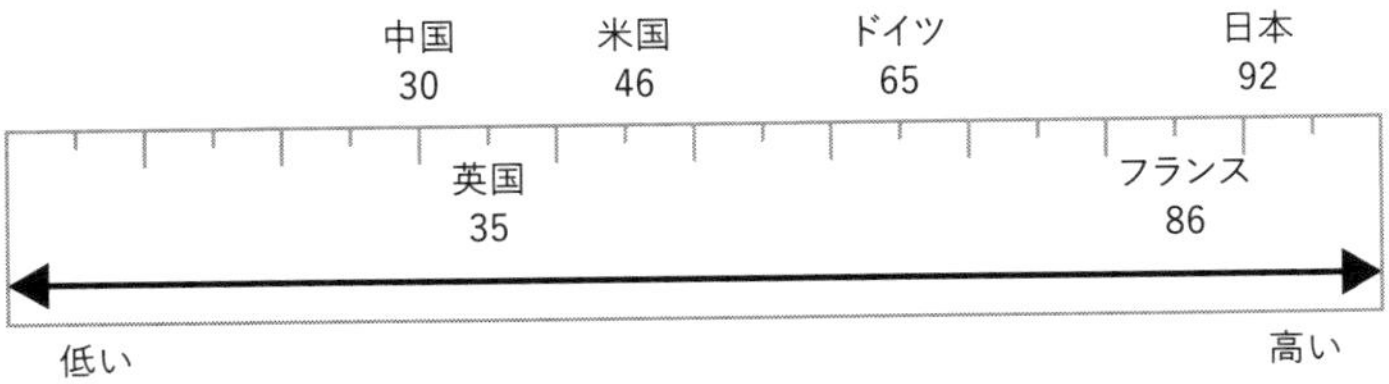

出典：Hofstede Cultural Dimensions から作成

こうした人の姿勢を国民性として示す調査研究やモノサシは複数あります。その代表例の1つを図表2に示します。オランダの社会心理学者ホフステードの6次元モデルの1つ「不確実性の回避」です。同モデルの対象国のうち、6カ国を抜粋して示すと次のようになります（数値は0―100のスコア）。同じ東アジアの日本と中国、同じ欧州の英国とフランスという隣国同士でも大きく異なるとしています。

それ以外にも、様々な種類の文化を国際比較したモノサシが存在します。ただし、これらのツールは、あくまで一般論として文化傾向をつかむための参考データとしてお使いください。

理由は2つです。1つ目は、モノサシ上の各国の位置付けは、調査対象者から得た回答の平均値です。従って、例えば前述の不確実性の回避では、全ての日本人が92の位置にあるというものではないからです。2つ目は、同じ種類の文化モノサシを複数の専門家が示すことがありますが、それぞれ調査の方法・対象者・時期などの違いから、各国の相対的な位置付けが多少異なるためです。

国民文化比較「モノサシ12選」

図表3は、前述の「不確実性の回避」を含め、様々な研究者や教育機関が示すモノサシの中から選んだものです。筆者自身も、一定の信憑性を評価し、コンサルティングや教育の中で参考にする12種類です。教育では、これらを使い、自国民と他の国々の人達、また自国民と自分自身（個人）の間で、文化の位置付けがどう異なるのかを理解します。参考まで日本人は、全てのモノサシにおいて、やや右（薄い網掛け）または極端に右（濃い網掛け）の位置付けになります。

そのうえで、自分が文化の位置付けが異なる人達と交渉や協業をする場合、どのようなリスクが潜み、それを避けるためどのようなコミュニケーションや行動が必要かについて考察し習得してもらいます（なお、その過程では、ケーススタディー、ロールプレイ、動画などを多用）。

図表3：国民文化比較「モノサシ12選」

No.	文化種別	日本の位置付け　左（　）	やや右　極端に右　右
1	**個人vs集団** （社会構造）	**個人主義** ・「私」のアイデンティティで考え、判断し、行動することを学び育つ ・個人の中身を重視 ・組織には個人の考えや個性を尊重することが求められる ・個人と個人の付き合い ・内（同じ集団内の同胞）と外（他の集団の他人）の概念が弱い ・周囲の目線を気にしない、それに合わせない	**集団主義** ・「私達」のアイデンティティで考え、判断し、行動することを学び育つ ・社会的な肩書を重視 ・個人には組織への貢献が求められる ・集団と集団の付き合い ・内と外の概念が強く、双方の壁が厚く交わりにくい ・周囲の目線を気にする、それに合わせる
2	**社会の階層** （社会構造）	**フラット社会** ・上下階層の概念が弱い ・職位や等級の数が少ない ・実力が重視される ・一般人と権力者（国や組織の長）との距離感が近く、格差も少ない ・著名人も自分達も同じ	**ピラミッド社会** ・上下階層の概念が強く厚い ・職位や等級の数が多く細かい ・年齢・年功・人脈が重視される ・一般人と権力者（国や組織の長）との距離感が遠く、格差も大きい ・著名人は特別な人達
3	**明示的vs暗示的** （コミュニケーション）	**言語化して明示** ・コンテンツ（言葉や文章）で相互理解 ・言葉多く細かく伝える ・空気を読まない、相手を察しない、忖度しない	**文脈で暗示・黙示** ・コンテクスト（文脈、行間、前後の状況、常識、暗黙のルール、場の空気、周囲の目、距離感、タイミングなど）で相互理解 ・言葉少なに感覚的表現を多用（擬声語・擬態語・絵文字など） ・空気を読む、相手を察する、忖度する

図表3の続き

4	**感情表現** （コミュニケーション）	**感情（喜怒哀楽など）の表示** ・表情やジェスチャーで出し発散 ・昼（業務中）と夜（飲み会）の感情・表情が変わらない	**感情（喜怒哀楽など）の抑制** ・表情やジェスチャーに出さず隠す ・昼（業務中）と夜（飲み会）で感情・表情の出方が変わる
5	**異見への態度** （コミュニケーション）	**オープン** ・異見があることは良いこと ・自分の考えをアウトプット ・早い段階で本音に入る ・異見を受け入れ、オープンに討論	**回避・すり合わせ** ・波風立たないのが良いこと ・自分の考えをインプット ・建前でいる期間が長い ・異見を排除、裏で個別に説得
6	**概念vs事象** （思考）	**鳥の目** ・森（大）から入り、林（中）、木（小）へ移る ・コンセプトやプリンシプル（概念、原理、原則）を重視 ・創造と改革が得意	**虫の目** ・木（小）から入り、葉（極小）へ移る ・現場での細かな実践を重視（機能、戦術、やり方など） ・修正と改善が得意
7	**不確実性の回避** （行動）	・前例に従わない ・知らない人、異質な人を受け入れる ・変化＝未来に向けた変革・転換 ・リスク・失敗を恐れない	・前例に従う ・知っている人、同質な人と行動する ・変化＝過去の修正・改善 ・リスク・失敗を避ける
8	**意思決定** （行動）	・リーダー（個人）が、自らの責任と判断基準で決める（リーダーは決断者） ・段階的に早く決断（コンセプトやプリンシプルが良ければ、即決・即行動し、次に移る）	・関係者（集団）によるコンセンサスを基準に決める（リーダーは調整者） ・全て詰めてから遅い決断、または決断の見送り（最初から細部まで検討し、全て間違いないと確信できた時点で決断し行動）

図表3の続き

9	**ルールへの態度** （行動）	**柔軟に対応** ・ルールに従うかは状況次第 ・ルールが少なく大枠 ・ツールは必要に応じ変えるもの	**厳守** ・ルールは状況の如何によらず従う ・ルールが多く細かい ・ルールは守るもの、変えないもの
10	**時間への態度** （行動）	**だいたい・柔軟** ・時間・期限・予定は絶対ではない ・状況に従い行動	**正確・厳守** ・約束した時間・期限・予定を守る ・綿密な行動計画に従い行動
11	**個人の役割** （行動）	**明確・契約** ・各自の業務を明示（内容・権限・義務・条件） ・社員ごとに雇用契約・人事管理（個別管理）	**あいまい・通知** ・各自の業務があいまいで組織の状況に応じ変化（内容・権限・義務・条件） ・社員まとめて雇用通知・人事管理（集団的管理）
12	**選択時の必須項目** （行動）	**中身・実力** ・（商品）内容、価格、評判 ・（パートナー）知識、能力、専門性	**看板・前例** ・（商品）社名、ブランド名、前例、評判 ・（パートナー）社名、履歴、前例、人的繋がり

異文化マネジメントの4つの基本動作

　ここまでは、文化とは何か、文化を形成する環境要因、文化測定の切り口とその特性を見てきました。そこで、異なる文化をもつ人達の間で、上手く共存や協働するために基本的に不可欠な4つの動作を示します。

　1つ目は、文化の違いによる偏見や排他行為を避けることです。また、異なる別の文化を、優劣や善悪で捉えないことです。これは、同じ地球上で生きる人として最低限のマナーでありインテリジェンスであると筆者は考えます。前述したように、文化は人が生まれ育ってきた社会環境により形成されます。大多数の人は、それは自らつくったものでも、意図的に選んできたものでもありません。ですから個々人に罪はないのです。

　2つ目は、「バルコニーに昇れ」です（図表4）。人は自分が普段からかけ慣れた色眼鏡

図表4：バルコニーに昇れ

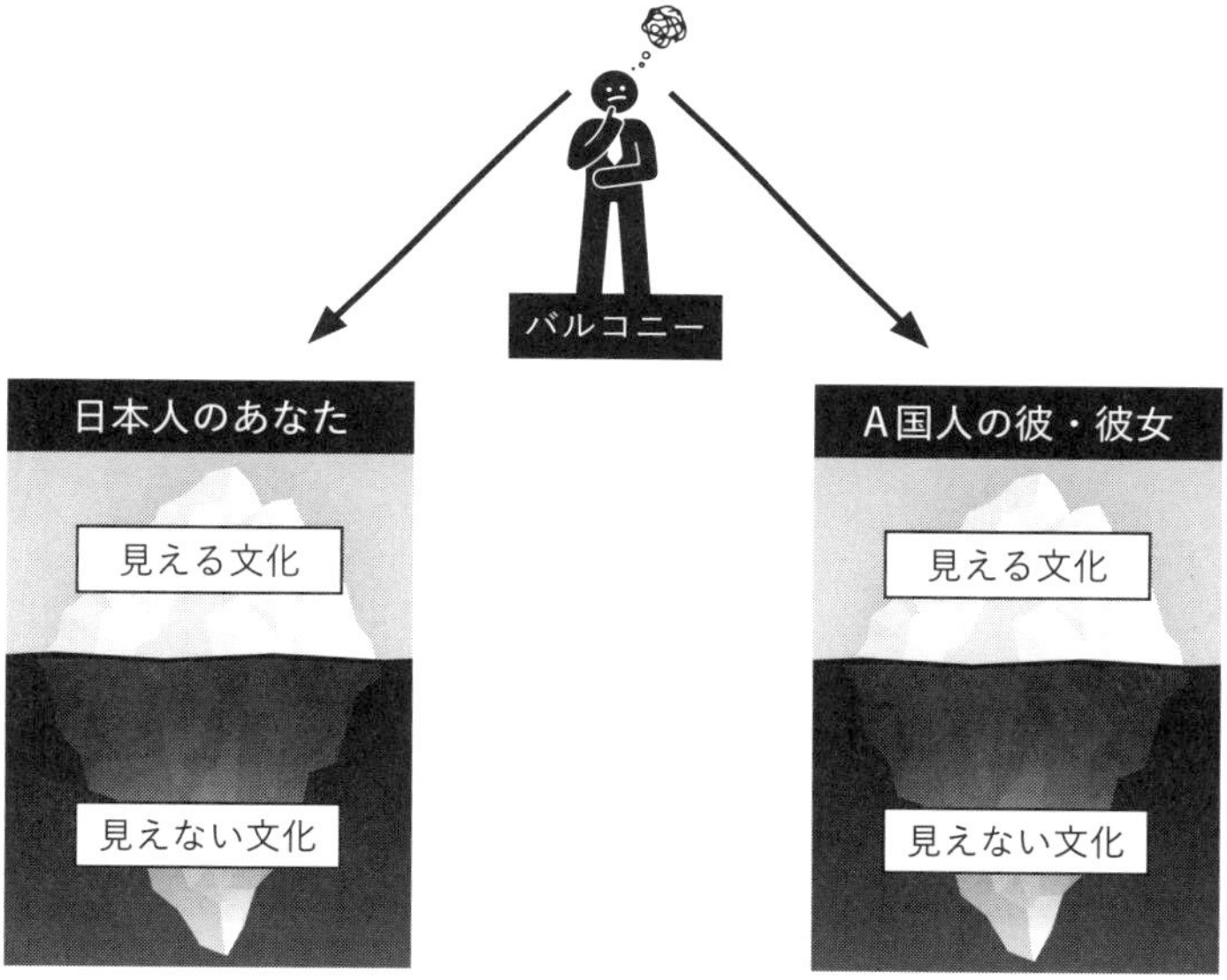

を通し、相手を見て良い悪いと判断しがちです。これを避けるには、その自分達の文化が染みついた色眼鏡を外し、自分達の文化圏から意識的に抜け出し、相手の文化圏との間にあるバルコニーに昇ります。そこで、自分と相手の文化を中立の立場から鳥瞰します。そうすることで自分と相手の文化的相違点、文化の違いによるリスクとオポチュニティーを客観的に捉えることができます。

3つ目は、異文化に対する理解と敬意です。違いも含め相手の文化をリスペクトします。そのためには、相手の文化が形成された環境要因を理解することです。また逆に、自分達の文化が形成された環境要因も理解し、それを相手に伝えて理解を促します。

4つ目は、互いの共通点に着目することです。家族愛、好物を食べたい、健康でいたいなど、人として基本的に大切にしたい共通の価値観はあるはずです。それ以外でも共通の文化的要素は必ずあります。これを相互に見つけ共鳴することです。例えば、フランス人と日本人のケースでは、食文化へのこだわり、漫画好き、武道への高い関心、各地域の歴史・伝統・文化を大切にする、手作り（職人）を重宝するなどが挙げられます。

実は、これら4つの動作は、国際的な仕事だけでなく、国内で文化の異なる人達と仕事をする際にも役立ちます。例えば、社内異動や転勤、他社や他業種への転職、産官学連携プロジェクト、他社との業務提携、合弁事業、戦略アライアンス、他社を買収、または他社から買収されるケースです。また、個人的な領域でも役立つことがあります。夫婦生活、知人、隣人との関係などです。ですから、普段から意識的に文化を深く考え、仕事や生活に応用することをおすすめします。

第3章

全体知で日本を伝える力を磨く

【思考・コミュニケーション】

相手は、自分達の目線で日本を見る

海外に住む日本人の多くが、「外に出て初めて、いかに自分が日本のことを知らなかったかに気付いた」「まずは自分自身が客観的に日本を理解し、それを相手にわかりやすく伝える必要性がわかった」と言います。たしかに、海外では現地の人達から日本のことをよく聞かれるので、それに答える機会が増えます。また、このことは海外在住に限らず日本にいながら国際ビジネスに関わる場合も同じです。

相手が聞いてくる内容は大きく2種類あります。

1つ目は、仕事に直結することです。序章の「ここが不思議だよニッポン人の○○」で示した25の疑問などです。

2つ目は、個人的な関心事です。歴史、社会、政治、文化などまで幅広いものになります。例えば「日本人の宗教との関わりは？」「武士道の精神は今の日本人に残っているの

図表5：自分の文化的視点を通して相手を見る

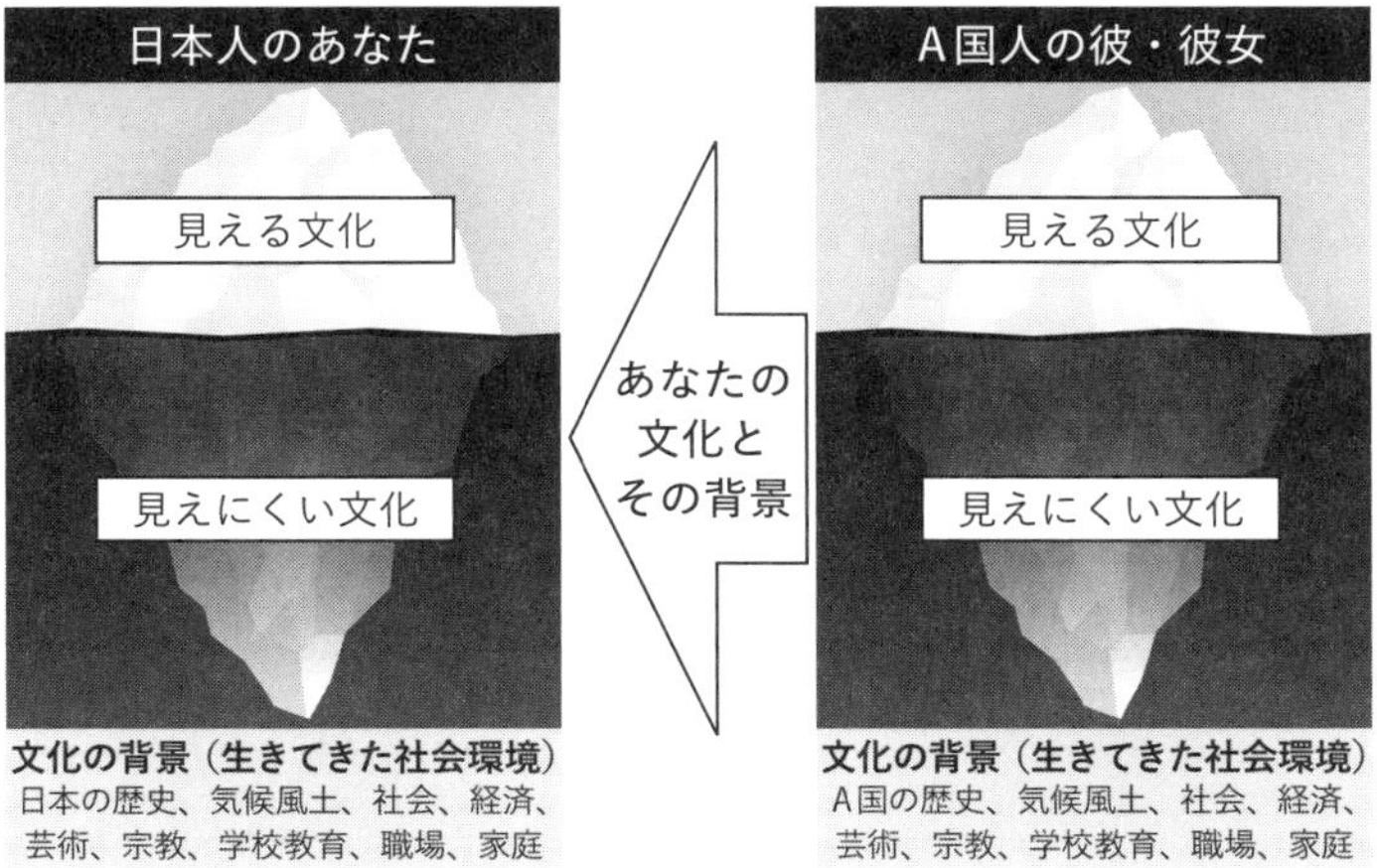

出典：Edward T.Hall（1976）よりNagata Global Partnersが加工

か？」「侘び寂びってどういうこと？」「なぜ日本人は清潔好きなの？」などです。

こうした問いに対し、相手に十分理解してもらえるよう説明したいものです。しかし、次の2つの理由からそう簡単ではありません。

1つ目は、相手は、日本人の多くが知っている、または日本人同士では共有できている情報をもっていないからです。

2つ目は、図表5に示す通り、相手は、自分達の文化的視点（色眼鏡）を通し日本や日本人を見がちだからです。

これら2つの理由から、外国人に日本人

と日本のことをきちんと理解してもらうためには、工夫が必要です。

そのポイントは、相手の文化とその背景にある社会環境をある程度調べたうえで、相手の目線から全体知で説明することです。全体知とは、多角的な視点から物事をとらえた広い分野の知識と洞察です。ここでは、相手国と日本の、歴史、文化、宗教、社会、政治、経済、産業、企業、人々の文化特性などです。

３Ｗステップで説明する

外国人に日本や日本人のことを本質も含めきちんと理解してもらうためには、次の３Ｗステップ（What・Why・Why）で伝えることをおすすめします。筆者も、異文化マネジメント教育で、様々な国籍の人達に対し説明する際に使うステップです。

【質問】
Ａとはどういうこと？

【回答】
ステップ１（What）：Ａはこういうことだ（直接的説明）
ステップ２（Why）：Ａがおきる理由はＢだ（全体知で理由説明）
ステップ３（Why）：Ｂがおきる理由はＣだ（全体知で理由説明、ここが本質の部分になる）

以上の3ステップにより、「なるほど、日本の取引先候補のあのときの発言はそういうことだったのか。僕らがそれを勝手に解釈し変に動いてしまったから上手くいかなかったんだ」「なるほど、日本の同僚の行動にはそのような前提があったのか。そうであれば、我々も彼らにこう伝え、こう動けばきっと上手くいくはずだ。早速試してみよう」と腹落ちします。

もちろん、相手の質問に対する回答には、様々な見方があり、絶対的な正解はありません。大事なことは、「私はこう思う」と自分なりの考えを伝えることです。

そこで2つの事例を次に示します。例えば、こういった質問があった場合、筆者であればこう答えるというものです。これを参考に、みなさまならどう答えるか、ご自分なりに考えてみてください。

事例1「失われた30年って何ですか？」を全体知で説明する

失われた30年について、イギリス人のビジネスパートナーから聞かれたとの想定です。

1 What

まず、相手がイメージしやすくなるよう、「失われた30年」はどういうことか英国での事例をあげながら説明します。

「一言でいうと1980年代から1990年代前半のバブル経済が終わってから30年続く経済低迷期のことだ。英国でも歴史上、金融危機をきっかけにした長期の経済停滞期がいくつかあったが、それと似ている。特に、1873年から欧米を襲った長期不況では、イギリスが最も大打撃を受け経済低迷期が23年続いた。その間イギリスは、金融業や製造業の競争力を大きく失った。また1960年代から20年ほど続いたイギリス病も深刻な経済停滞期だった。この間、フランス、西ドイツ、日本に抜かれアメリカに次ぐ世界2位の経済大国の座を失った。それと同じように日本も、この30年間で、世界2位から中国に抜かれ3位に落ちた」

2 Why

次に、それが30年も続いている理由を伝えます。

「30年もそれが続いている理由は様々ある。最大の理由は、変わること、変えることに対する強い抵抗だ。戦後の40年間の成長期が終わってから30年、この間世界では地政学、経済、社会構造、人々の価値観などあらゆる面で大きく変わった。にもかかわらず、日本は基本的にほとんど変わっていない。政治も変わっていない。1955年から今日まで67年間、4年を除き63年間も同じ政党が政権を握っている。しかも世襲議員や長老議員が主要ポストを占めたままだ。国際的に展開する中心産業が自動車、精密機器、電子機器、工作機械という構図も変わっていない。偏差値・受験・暗記中心の教育システムも相変わらず健在、政界も企業も上層部は年配男性が占めたまま、国民の政治参加率も低いままだ。この30年は、少子高齢化、経済低迷、国民所得の低下、相対的貧困率の上昇という構造的問題が大きくなる一方であるにもかかわらずだ」

3 Why

そして最後に、失われた30年の本質である「なぜ、変わらないのか？」について、文化的側面から5つの理由をイギリスと対比しつつ説明します。

① 変化をためらう国民性

「イギリス人は、17世紀にピューリタン革命で王制を倒し一時的とはいえ共和政を築いた。その後、18世紀に産業革命を起こし社会構造改革を行った。先の大戦後は、政権与党も何回か変わり、イギリス病からの脱皮に向け福祉的な政策から新自由主義へ大胆な転換を受け入れた。またEU加盟、そして離脱を選択した。このように、多くの研究でもわかっていることだが、イギリス人には、積極的に変化を起こす文化がある。一方、日本人は他国民に比べ、不確実な状況を避ける傾向が非常に強いことがわかっている。つまり、変化やリスクテイクに対し極度に慎重だ」

② 観覧車社会

「日本では、儒教の影響が残っている。儒教では孝悌忠信《こうていちゅうしん》という徳目がある。これは、真心を尽くし、誠意をもって、父母や兄、先輩など目上の人に仕えることだ。なので、年齢や年功の高い人を敬い過度に重鎮扱いする。その結果、政財界ともに、所属する組織で長年仕えながらピラミッドを昇りつめた長老たちが上層部を占めることになる。しかも、彼らはなかなか一線から引退したがらない。そのため社会や組織内の人の新陳代謝や世代交代が観覧車のようにゆっくりとしか進まない」

③ 成功体験のノスタルジー

「日本は150年前、それまで700年も続いた武家政権に終止符を打った。以降、西洋の社会・政治・経済・産業構造・軍事を学び近代化を図ることで欧米列強クラブの一員となった。その間、大国の清とロシアとの戦争にも勝利した。先の大戦では大敗し史上初めて間接とはいえ外国から統治されるという屈辱を味わったが、戦後わずか40年で経済復興を成し遂げた。こうして再び先進国への仲間入りを果たした。この過去の成功体験を忘れられず引きずっている人が中高年者層を中心に多いといわれている」

④ リーダーが自分も含め大胆に変えたがらない

「上層部の多くは改革を叫んでいる。ただ長年かけ築き上げてきた地位を失いたくないとの自己保身もあるはずだ。なので改革を自ら先導せず、常套手段として関係者間の根回しを通じコンセンサスを得えながら進めようとする。これにより、失敗したときにみなで決めたのだから自分の責任じゃないとできる。ただ問題は、コンセンサスを得るのに時間がかかる。また、大胆または抜本的な改革には周囲の抵抗や反発が強く広がるため着手したがらない。なので部分的、または表面的な改善や修正を繰り返すこととなる。その結果、何年いや何十年経っても本質は変わらない」

⑤　内からの変化が起きにくい

「歴史的に世界4大文明が栄えたユーラシア大陸から極東の日本列島まで渡ってくる民は少なかった。また、同じ島国のイギリスとは異なり、大航海により植民地と商圏を世界的に広げた歴史はない。また、逆に国内に移民を積極的に受け入れた歴史もない。むしろ、長い鎖国など内向きかつ閉鎖的な歴史を歩んできた。そのため外の人達と接し混ざる経験に乏しく、文化的に同質な人達が集まる共同体のまま今に至っている。このため、内から新しい考えや別の視点が出ることが少なく変革がなかなか起きない」

事例2「なぜ責任者もいる会議の場で即決してくれないの？」を全体知で説明する

この疑問を、東京の外資系企業に勤めるアメリカ人の同僚が次の状況の中で抱いたという想定です。

「日本の事業パートナー候補のA社に対し、自分が立案したあるユニークな共同事業を提案した。そこでまず、A社の担当者2名と数回にわたりQ＆Aを行った。その後、先方の事業部長も交え会って話を聞きたいというので、昨日A社を訪問し会議を行った。参加者は、こちらはニューヨーク本社から出張してきたフランス人事業部長と自分の2名、相手側は大勢だった。全員日本人で、初対面の事業部長、担当者2名、他にも数人が同席していた。会議は2時間近く続いた。その場で相手に全ての判断材料も提供できた。これで相手も理解したようで雰囲気は良かった。ところが結局、A社から「わかりました。ありがとう」と言われただけで会議中に何の返事ももらえなかった。当該事業のトップ同士が顔を合わせ、しかも何回も担当者と事前やり取りしたにもかかわらずだ。少なくとも、興味があるか否か、次に進みたいか否か、そうであれば今後どう進めてゆきたいかについて返事をもらいたかったが……」

1 What

まず、日米の文化の違いからくる相手（この場合はアメリカ人の同僚）の勘違いを端的に伝えます。

「日本では、責任者が単独で、しかも会議の場で決断することは稀だ。特に他社の関係者がいる前ではそうだ」

2 Why

次に、「なぜ、そうなのか？」について、考え得る仮説を伝えます。

「なぜ、そうなのか？」については2つある。1つ目は会議の役割の違いだ。一般的に日本企業が他社の関係者と行う会議の多くは、交渉・議論・決断の場ではない。2つ目は、決断者は1人ではなく大勢いるということだ。その事業部長とやらは最終決裁者でなかった可能性もある。また、相手はまずは君たちと会うというプロセス自体が必要だったのではないか」

3 Why

ここで「なぜ、そのプロセスが必要だったか？」について文化的側面から3つの仮説を伝えます。

①　内と外

「アメリカも含め個人主義の文化圏では、まず何よりも個人の考え、個性、責任を重視する。組織はその個人の集合体にすぎない。一方、アジアやアフリカの一部の国々でもそうだが、集団性の強い日本はその逆だ。組織をまず考え、個人は組織の考えに調和し従おうとする。しかも日本のように集団性に加え同質性や閉鎖性が強い国では、内と外の概念が強く、この間にある壁が厚く高い。今回のケースでも相手は、「私達（内輪）」対「君たち（他社の人しかも外国人）」の構図で捉えているはずだ。君たちは自分達と異なるよくわからない「外」の人達と感じる。なので、君の提案内容以前に、まずは会って君たちの思い、人柄、信用できそうか、自分達との親和性を肌で感じたがる。そのうえで次のステップに進むか否かの社内コンセンサスを得る必要があったのではないか」

② コンセンサスによる意思決定

「欧米企業では、各分野の責任者が自らの権限・責任・意思で物事を決める。それが彼らの役割であり求められる能力だからだ。一方、日本企業では、いくら肩書が事業部長となっていても、彼の一存で決めることはない。彼の上司や関係者間に根回しをしてコンセンサスを得る必要がある。これに加え経営陣の承認を得る必要もあったのかもしれない。だから時間がかかる。またもし君の提案が、相手方に前例のないものだとしたら、決めるまでさらに長い時間がかかる」

③ 型の文化

「日本では、〝ところで君はその人と実際に会ったことはあるのか？〟と上司や社内関係者から聞かれることがある。伝統的に日本には型を重視する文化がある。これは日本独自に発達した〝道(どう)〟の考えによる。柔道、剣道、合気道、空手道、茶道、華道、弓道、香道、書道などの武芸だ。これらは全て型から入る。その目的は、単に技術向上だけではない。〝真・善・美〟〝精神的な豊かさ〟など人間形成に繋げるためだ。この型を繰り返すことで身体が自然に動く状態にする。頭で考え〝できる〟と思う状態よりも習熟度を高めようという考えだ。なので日本人は、欧米人が大切にするWhy(なぜ、やるのか?)という目的より、How(どのように、やるのか?)という型にこだわる傾向がある。なので、その会議というのは、意思決定プロセスに組み込まれた、「まずは会って親交を深める」という型の1つと捉えていた可能性がある。この型の文化に興味があるのなら、「Every Day a Good Day(日日是好日)」や「Stupeur et tremblements(畏れ慄いて)」という2つの映画を観ることをすすめる」

以上、2つの事例で、相手の目線から全体知を使った3W説明がどういうものかを示しました。相手の興味の度合いによって2Wでも構いません。

ただ、3Wや、さらにWを繰り返すことで、相手が日本や日本人の本質も含め理解を深め、さらに興味をもってくれる……こうしたケースを筆者は何度も体験しています。ぜひ、試してみてください。

日本の歴史を、外国人にどう伝えたらいいのか？

外国人に日本を伝える際に、これを伝えると良いという項目があります。全て、日本人社会の文化形成に大きな影響を与えてきたものです。一般的に多くの外国人の興味を惹き、また自国と比べてもらいながら理解してもらえるものです。

以下、これらの項目を「歴史」「芸術文化」「社会」「経済」「日本企業」の分野ごとに示します。

そこでまず、次ページの図表6に示す「歴史」です。日本の歴史を知ってもらうために焦点をあてると良い4項目です（もちろん、歴史上の日本との関係性は国により異なるため、これ以外の史実を加えてもいいですが）。

図表6：日本の歴史

	項目	●ポイント　⇒あると良い追加説明
1	世界最長の王室と独立国家	●世界に現存する皇室・王室の中で世界最古（神武天皇即位起源説では2682年間続く） ●他国に占領・植民・直接統治されたことがない独立国家 ●モンゴル襲来と神風 ⇒　海外で「KAMIKAZE」は、先の大戦の神風特攻隊のイメージから自殺・自爆行為の意味で使われることが多いが、実は元寇に由来する。
2	700年の歴史を誇るSAMURAI	●武士道（義・勇・礼・仁・誠・名誉・忠義・克己） ⇒　欧州の中世騎士道の精神（敬神・忠誠・武勇・礼節・名誉、婦人への奉仕）と重なるところが多い（婦人への奉仕を除き）。 ●武道 ⇒　特に世界的に広がる柔道の道徳観（礼・勇・誠・克己・名誉・謙虚・友情・尊敬）と武士道精神が重なる。
3	西洋以外で唯一の列強クラブメンバー	●明治維新（富国強兵、殖産興業、文明開化） ⇒　幕末から明治維新にかけ英仏を中心に欧米から多くのことを学び日本に移転した。 ●日清・日ロ戦争の勝利 ⇒　隣国の2大国との開戦前後の日本と東アジア情勢 ●屈辱の第二次世界大戦 ⇒　世界唯一の被爆国（HIROSHIMA & NAGASAKI）とGHQ/アメリカによる間接統治 ●高度経済成長とG7 ⇒　西洋以外で唯一の民主主義の経済大国としての役割 ●失われた30年（前述） ●G7中トップを走る少子高齢化 ⇒　日本人は結婚しないと子供をもたない。ところが、その結婚自体が、国民所得の低下と価値観の変化などにより減っている。 ⇒　労働力不足は、高齢者、女性のパート・アルバイト、外国人労働者、ロボットで補っている。
4	閉鎖性	●限定的な他国との交流 ⇒　極東の島国という地理的要因に加え、1200年以上（飛鳥時代～西南の役）も内戦に明け暮れたことによる限定的な対外交流 ●鎖国 ⇒　200年以上続いた鎖国とその後の影響（インバウンド観光の夜明けはわずか10年前、新型コロナ対策の外国人に対する厳しい水際対策など）

日本の芸術文化を、外国人にどう伝えたらいいのか？

次ページの図表7は、日本の芸術文化（他国との相対的視点で）を知ってもらうために焦点をあてると良い4項目です。

図表7：日本の芸術文化

	項目	●ポイント　⇒あると良い追加説明
1	神道～ 日本土着の民族宗教・自然信仰・祖霊信仰	●国家的宗教 ⇒　皇室神道、国家神道（明治～第二次世界大戦） ●自然と神々の一体性 ⇒　八百万の神（人を含め自然界の全てが神となる自然信仰・祖霊信仰） ⇒　自然を通じ季節の移ろいを感じる（俳句、料理、活け花、森林浴、季節感の表現豊かな日本語など） ●祓い清める ⇒　手水、禊、ボランティア清掃、放課後の教室清掃、白手袋、マスク、温泉、銭湯、製造業の5S（整理・整頓・清掃・清潔・躾）など ⇒　これが、ワールドカップサッカーを通じ世界に知られる「立つ鳥は後を濁さず」にも繋がる。 ●共同体 ⇒　鎮守の森、氏神・氏子、山の神、田の神、祭り、祝いなど
2	世界に広がる 侘び寂びの美意識	●貧祖・清楚・不足・余白・不完全の美 ⇒　ミニマリズム、もったいない、茶の湯、一輪挿し、枯山水、楽焼など ●無常・閑寂・再生の美 ⇒　桜花、金継ぎ、呼び継ぎ、襤褸（ぼろ）、一期一会など
3	道（みち）	●人間形成のための「型」の重要性 ⇒　柔道、剣道、合気道、空手道、茶道、華道、弓道、香道、書道など ●礼節・規律 ⇒　礼に始まり礼に終わる、相互尊重など
4	折衷文化	●和洋（和風・洋風）の折衷 ⇒　住宅（洋風リビングと和室、畳部屋にベッドなど）、食事（和風ハンバーグ、ドリア、旅館・ホテルの和洋バイキング朝食など）、ファッション（着物ドレス、足袋シューズなど）、その他（公衆トイレ、クリスマスと正月など） ●新旧（伝統とモダン）の折衷 ⇒　街並み（近代的表通りと昭和レトロ風路地裏、ショッピングモールと地域商店街など）、芸能・音楽（演歌とJ-POPなど）

日本の社会を、外国人にどう伝えたらいいのか？

次ページの図表８は、日本の社会特性（他国との想定的視点で）を知ってもらうために焦点をあてると良い６項目です。

図表8：日本の社会

	項目	●ポイント　⇒あると良い追加説明
1	世界に冠たる 健康長寿	●少子高齢化のトップランナー ⇒　人口動態データ、少子高齢化が社会（年金、健保、家族など）、政治（選挙、政策など）、経済（産業構造、労働システムなど）に与える影響 ●IKIGAI ⇒　世界5つのブルーゾーンの1つ沖縄の大宜味村での調査研究を基に長寿の秘訣を紹介した書籍『IKIGAI』（世界57カ国語翻訳）を筆頭に、IKIGAIが、複数の書籍、TV番組、YouTube動画などにより欧米中心に世界各地に広がる ●国民的スポーツ慣行 ⇒　古くから全国的に広がり、今でも学校、会社、町内で見られる運動会、ラジオ体操、ゲートボールなど ●徹底した疾病予防 ⇒　定期健康診断、人間ドック、トイレの「排泄物チェック」など、職場から自宅まで見られる頻繁かつ細かい健康チェック
2	世界が目を見張る 規律大国	●いたる所に張り巡らされる膨大な数の規則 ⇒　家庭、学校、職場、交通機関などの全ての公共空間で見聞きする標識・標語・校則・社訓・規定・家訓、整列ライン、アナウンス、メガホン誘導など ●暗黙のルールと監視 ⇒　日本人が自制や社会秩序を保つための拠り所とする場の空気、人の目、先祖の目、神々の目など
3	世界屈指の 安心・安全な環境	●地域密着で頼りになる人達 ⇒　地域住民が犯罪の防止や処理に頼りにする街角のKOBANやコンビニ店員など ●落としても忘れても高い確率で見つかる遺失物 ⇒　駅・空港・警察の遺失物センターなど ●壊されても金が盗まれない自販機と銀行ATM
4	ダブルスタンダード のパラドックス社会	●時間のパラドックス ⇒　厳格（約束時間、締切り日時、会議開始時間、始業時間など）とルーズ（会議終了時間、終業時間、飲み会など） ●表と裏のパラドックス ⇒　不倫バッシング（表）と不倫大国（裏）、名だし投稿（表）と匿名投稿（裏）、多い政治批判（表）と低い投票率（裏）、原則禁止（表）と実際容認（裏）など
5	サービス大国 （お客様天国）	●24時間365日営業 ⇒　コンビニ、カフェ、レストラン、お客様対応センター、交番など ●スケジュール通りピッタリ ⇒　公共交通機関（電車、地下鉄、バス、飛行機）、宅配便など ●故障しない公共インフラ ⇒　公共交通機関、自動改札機、券売機、エレベーター、エスカレーターなど ●高いコスパ ⇒　高価格帯から低価格帯まで押しなべて高品質（小売店、飲食店、宿泊施設、各種の商品・サービスなど）
6	超肩書社会	前述（第1章）のとおり

日本の経済を、外国人にどう伝えたらいいのか？

次ページの図表9は、日本経済の特性（他国との相対的視点で）を知ってもらうために焦点をあてると良い5項目です。

図表9：日本の経済

	項目	●ポイント　⇒あると良い追加説明
1	ユニークな クリエイティブ産業	●世界に広がるポップカルチャー ⇒　漫画、アニメ、ゲーム、J-POP、キャラクターなど ●世界が笑う突飛なユーモアコンテンツ ⇒　たけし軍団、TVコマーシャルなど
2	和食・豊かな食文化 （ユネスコ無形文化遺産）	●季節の素材と自然を楽しむ ⇒　懐石料理、精進料理、お節料理など ●地域の食材と料理を楽しむ ⇒　駅弁、道の駅、発酵食品、ご当地ラーメン、地酒など ●豊かなアイディア ⇒　お弁当、低温調理、旨味・出汁など ●世界が認める匠の技 ⇒　ミシュラン星付きレストラン数で世界5大都市のうち3都市がある日本
3	マニアックなモノづくり	●超精密製品 ⇒　工作用ロボット、サービスロボット、素材、部品、生産財など ●中小企業の力 ⇒　町工場、職人（匠）、熟練工など
4	増え続けるインバウンド 旅行者・滞在者	●豊かな自然 ⇒　温泉、ハイキング、スキー、ビーチリゾートなど ●各種体験 ⇒　里山暮らし、古民家泊り、和食づくり、日本酒づくり、農作業、伝統工芸品づくりなど ●ポップカルチャー ⇒　漫画、アニメ、ゲーム、人気キャラクター関連施設など
5	安全保障の 海外依存大国	●一次エネルギー（エネルギー自給率12%）、金属資源など ●食糧自給率（38%、カロリーベース） ●防衛（ハイテク兵器・防衛システム、核兵器、インテリジェンス活動など）

日本企業の特徴を、外国人にどう伝えたらいいのか？

最後に、次ページの図表10は、企業を中心にした日本の組織の特性（一般的な傾向）を知ってもらうために焦点をあてると良い4項目です。

図表10：日本企業の特徴

	項目	●ポイント　⇒あると良い追加説明
1	世界が目指す 伝統的な日本型経営	●社会倫理ベース経営 ⇒　三方良し、報徳思想、経済道徳合一説、小格差社員待遇（給与、ベネフィットなど） ●共同体的ウェルビーイング経営 ⇒　社員間親睦（歓迎会、暑気払い、花見、職場旅行など）、健康経営（各種福利厚生、定期健康診断など）
2	集団的かつ統制的な人事・組織運営	●コンセンサスによる意思決定システム（リーダーによる決定型に対し） ⇒　社内調整（すり合わせ、根回し、稟議書、帰りに一杯など）、集団責任 ●メンバーシップ型雇用（ジョブ型雇用に対し） ⇒　社内異動、グループ内出向、年功序列、社内ネットワークの重要性、社員証・社員バッジ、源泉徴収制度など ●マイクロ・プロセス・マネジメント（結果評価に対し） ⇒　出勤・退出・外出・出張管理、セールス日誌、在宅勤務業務報告書など
3	経験主義に基づく実践的（プラグマティズム）な経営とオペレーション	●社内での経験と実績の積み上げを重視（未来の姿から今を考えるバックキャストに対し） ⇒　前例主義、踏襲主義、改善重視（改革ではなく）、Do everything ourselves文化（外部プロを活用せず多くを内製） ●現場主義（ビジョンと戦略などのコンセプト重視に対し） ⇒　現場経験重視、トップの現場訪問、OJT教育重視など ●How－どうやるのかの重視（Why, What－なぜ、何をやるのかに対し） ⇒　業務計画、業務マニュアル、工程管理など
4	消極的な 海外事業経営	●進まない国内成長依存型モデルからの脱却 ⇒　自動車、電子、事務機器、精密機器など一部の業界を除き ●日本人的幻想 ⇒　英語ができなきゃだめ、海外は危ない・難しい、特別（その結果、世界でも稀な総合商社が存在、海外事業部が存在、減る海外駐在希望者） ●文化的要因 ⇒　閉鎖的な歴史からくる人の内向性（図表6「日本の歴史」を参照） ⇒　文化的同質性から、異文化他社との協業（事業提携、合弁事業、M&Aなど）より単独進出を好むことによる限界

第4章

グローバル構想力を磨く【思考】

グローバル構想力を伸ばす

政治、社会、経済などあらゆる分野でグローバルに連鎖した地殻変動が続いています。これにより、人の価値観、生き方、働き方の変化と多様化が加速度的に進んでいます。そこで、こうした不確実性が高まる世界で、強く幸せに生きるために必要となるのが、本章で示す「グローバル構想力」です。

グローバル構想力ですから「グローバル」と「構想力」の組み合わせです。ここで示す「グローバル」には縦と横の2つの意味があります。縦は時間、つまり歴史の広がりです。横は距離つまり地理的な広がりです。「構想力」とは、科学的かつ体系的に考え新しいものを創造する力です。

つまり図表11に示す通り、グローバル構想力とは、広い視野で世界の動きと歴史を見つ

図表11：グローバル構想力

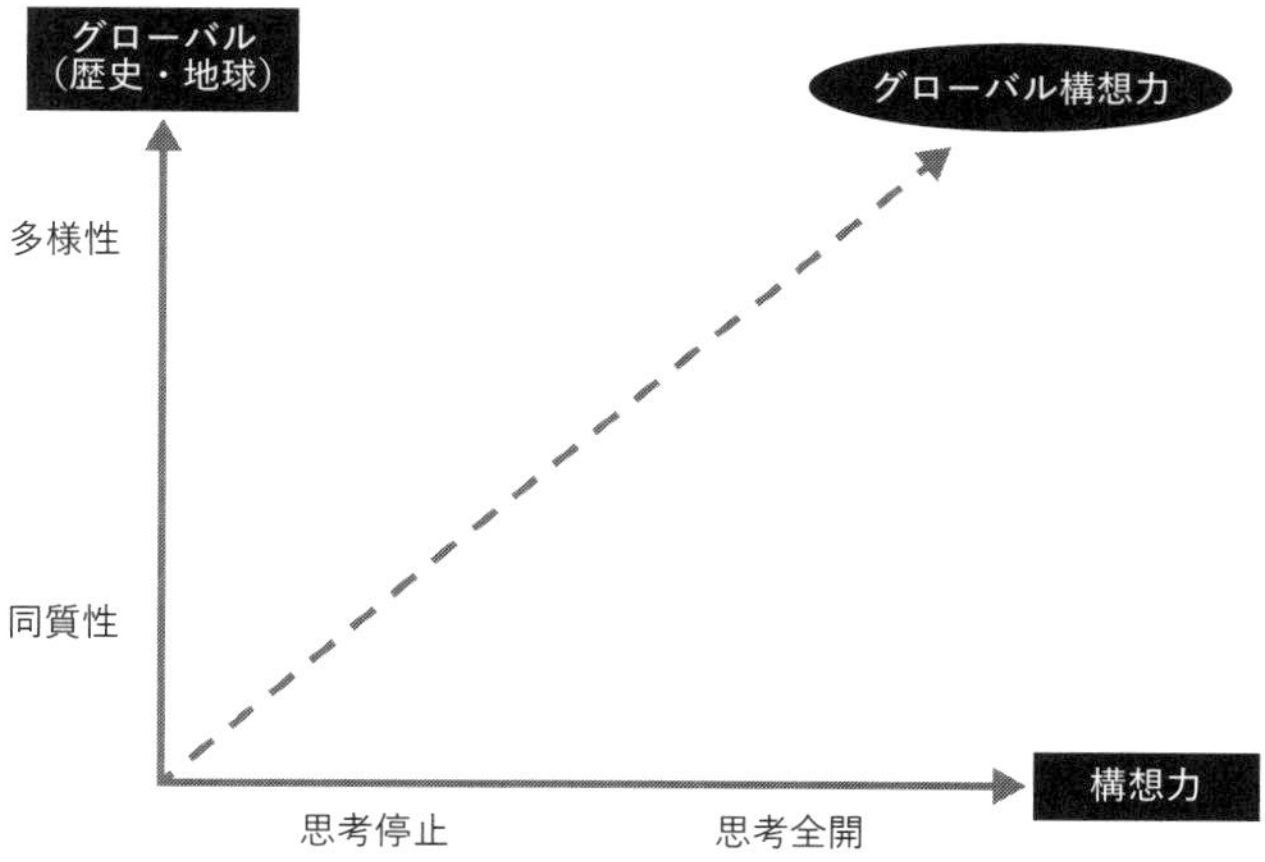

め、その中に存在する様々な思想、知識、事象を繋ぎ合わせ、科学的かつ体系的に考えることです。そして、自他ともに役立つ新しいキャリアや生活の機会を創造し、人としての器を高めることです。

そこで、このグルーバル構想力を高めるために不可欠なのが、次の4つの思考です。これらは相互にシナジーを生み出すものです。また一般的に、日本人が弱いとされているものです。

1. 全体的思考「歴史と地球全体の両面から考察」
2. 概念的思考「森を描き本質をつかむ」
3. 批判的思考「鵜呑みせず自分の考えを確立する」
4. 独創的思考「白いキャンバスに独自の絵を描く」

なお、1の全体的思考については、すでに第3章の2つの事例「失われた30年」と「決断のない会議」の3Wステップを通じ、それがどういうものか示しました。従って、本章では、残りの3つの思考について次に示します。

概念的思考「森を描き本質をつかむ」

一般的に人は、「今朝こんな事件があった」「昨日○○さんがこんな発言をした」など、その折々に自分の目の前にあることに関心を向けがちです。その多くはメディアのニュース記事のような短く示された、または断片的な1つの事象です。

自然に例えるなら広い森の中にある1本の木のようなものです。そこで、この木をどう見るかについて大きく2種類の人がいます。1つは、背後にある林や森を見ようとする人、つまり「小」から「中」や「大」が気になる人です。2つ目は、その逆で、木を顕微鏡で見るように細かい枝や葉を見ようとする人、つまり「小」から「極小」が気になる人です。

そこで日本人は、第2章の国民文化比較「モノサシ12選」でも示した通り、2つ目の「小」から「極小」を見ようとする傾向が強いとされています。筆者も、様々な国の人達と接する中で、日本にはこのような人が多いと感じます。
もちろんこれ自体は悪いことではありません。完璧に作られた2万個の部品でできた自動車が故障しにくいように製品やサービスの機能性や質が高まります。また超精密機器やニッチな小型部品などの産業も育ちます。かゆいところまで手が届くようなサービスも生まれます。

一方、個人であれ集団（国、企業、役所、学校など）であれ、次のようなマイナス面もあります。特に、モノ・サービス・情報が氾濫し、環境変化が激しく不確実性が高い現代社会ではなおさらです。

- 視界がさらに狭まり、世界的な変化の潮流を捉えられない
- 万が一、変化を捉えられたとしても、その本質が見えず、不安と焦燥感だけが高まる
- 仮に、変化に対処したとしても、既存の枠組み（前例、方法、ルールなど）の部分的な修正や改善、つまり小手先の対処療法的なものに留まる
- 運悪く、既存の枠組みから外れてしまうと、混乱状態に陥り、臨機応変な対応が難しい

■組織では、業務改善や社内調整には優れるが、大局観をもちビジョンや戦略を描くことができない人達が上層部を占める

■その結果、個人も組織も、成長の可能性を狭め、停滞や衰退を招く

以上のマイナス面を払拭し、グローバル構想力を高めるには、大局的に世界を俯瞰し「森」を描く必要があります。森とは全体像の大筋です。レゾン・デートル（存在理由）、コンセプト（概念）、プリンシプル（原理・原則）です。自分（達）の社会的存在意義は何か？なぜ新たな森をつくる必要があるのか？　森をどのような考えを基に、どこに、いつまでに作るべきか？　ということです。

また森は、組織の集団力学（グループダイナミクス）を高めるための基盤となるものです。例えば、企業経営では、経営理念、事業ビジョンとその戦略です。社員の間で共有され行動判断の拠り所となるものです。また、国政では、国家観、政策ビジョンとその戦略です。国内外の情勢や国民の意向を踏まえ、政府や国会で議論・選択され、国民の暮らしの指針となるものです。

批判的思考「鵜呑みせず自分の考えを確立する」

グローバル構想力を高めるために必要な3つ目の思考は、批判的思考です。本書の随所で示すとおり世の中には絶対的な正解はありません。ですから、常にいろいろなことを考え、自分自身や社会にとってより良い解を探求することは重要です。そこで、鍵となるのが批判的思考です。

批判的思考の「批判」の語源は、ギリシャ語のkritikosです。「評価・判断する、見分けることができる」という意味です。ですから批判的思考とは、ある考えの前提となる事実を明らかにしながら、多角的・論理的に考える道筋です。

平たく言うと、まず、いろいろなことに関心を抱くことです。次に、その関心事について、他者（お上、先生、専門家、メディア、家族、友人など）が言うことや書いたことを鵜呑みにせず、疑ってかかることです。例えば、「その情報源や根拠は？」「本当にそうかな？」「別の見方もできるのでは？」との問いです。そして最後に、多角度から信頼できる関連情報を集め、複数の論考（主張、意見など）を総合的に分析し、自分自身の考えを確立することです。

そこで、あるテーマに関する他者の論考について、批判的に思考するための基本ステップを次に示します。

1. 自分（達）が、なぜそのテーマに関心をもつのかを明らかにする（目的・背景の明確化）
2. 他者の論考を支える情報源を疑問視し精査する（情報源チェック）
3. その論考の構造を確認する（構造確認）
4. その論考にある主張、根拠、方法などの要素を分析する（分析）
5. その論考の質、長所、限界などを評価する（評価）
6. 自分自身の論考を打ち立て人に伝える（持論の創造と発信）

以上をご覧いただきおわかりかと思いますが、批判的思考は、自分の考えや主張をもたず、単に他者の人格、考え、方策などに文句・悪口・不満を並べ、攻撃や否定することではありません。

また、「批判」という文字からか日本ではネガティブに捉える人がいますがむしろ逆で、前向きかつ創造的な思考のプロセスです。

国や企業の運命を左右する批判的思考

批判的思考は、人の専門性や創造性に磨きをかけ、グローバル構想力を高めます。ですから批判的思考をする人が多くいる組織（国、企業など）では、全体知（コレクティブ・インテリジェンス）や集団力学（グループダイナミクス）が高まります。

一方、他者の発言を鵜呑みにする、または文句や不満だけの人達は、しっかりした行動の判断軸が自分の中で育ちません。その結果、次のような状態に陥るリスクがあります。

- 他者への強い依存（お上、専門家などの他者の言動になびき、それに身を委ねる社会的フォロワーとなる）
- 連続的な迷走（付和雷同かつ優柔不断な気質による）
- 周りがこけると自分もこける（環境変化に対し、自らの判断と能力で対応することが困難なため）

■自信・自己肯定感・幸福感の低下（自分自身の考えをもって何かを成し遂げたという自己実現経験の不在による）

その結果、このような人達が多い組織（国、企業など）では、リーダーの言動に対し、国民や社員などからの監視やしっかりした批判が弱くなります。

従って、次のような組織となる可能性が高まります。

■リーダーやリーダー集団の固定化・長期政権化・専制化を招く
■組織の状態や方向性に対する国民や社員の関心が薄れる
■国民や社員が、心理的安全性を得られず、委縮し、意見を出せない
■国民や社員の間で集団心理が作用し、組織的な自信・自己肯定感・幸福感の低下を招く
■リーダーが間違えた方向に進んでいても、国民や社員がそれに気付かない。または気付いたとしても、それを阻止する、または是正しようとする内部からの変革圧力が弱

図表12：批判的思考と集団特性

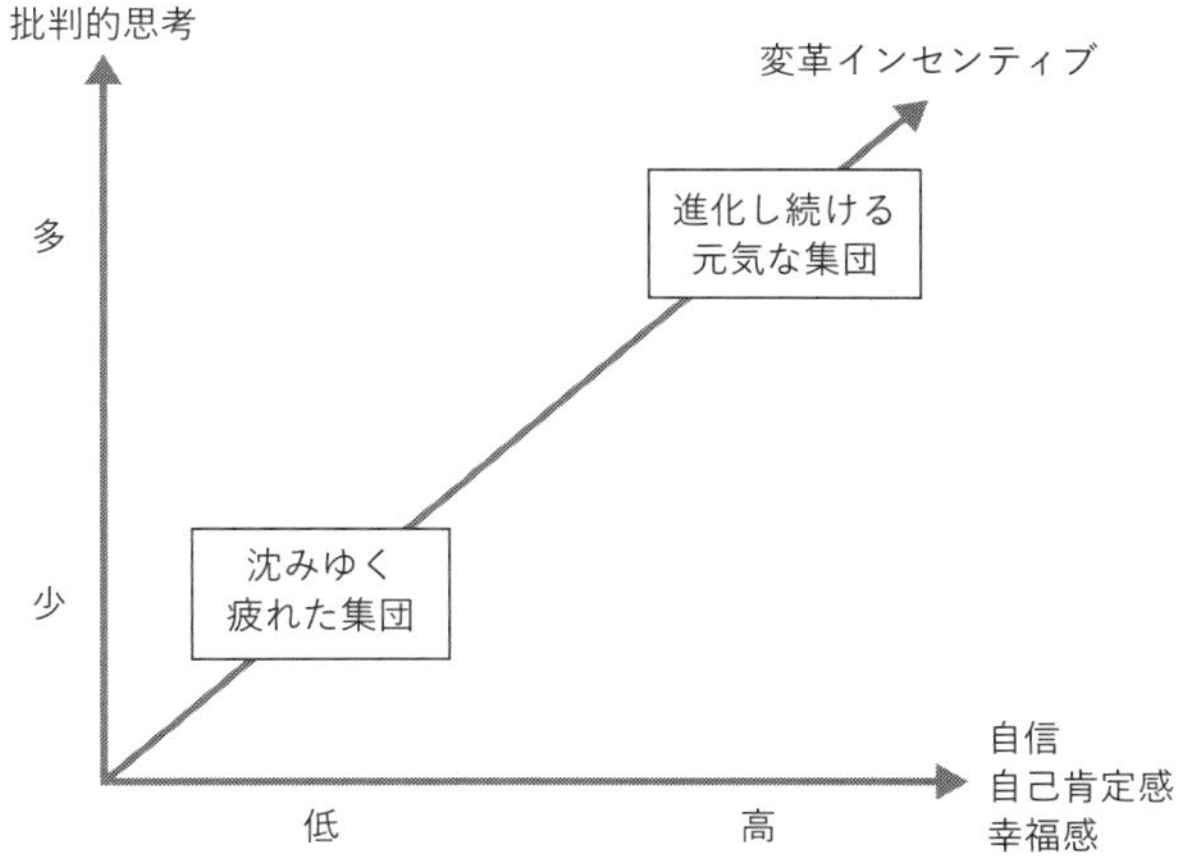

くなる

■組織全体の士気低下、低迷、業績悪化が長期化する

■強い外圧、または絶壁に立つような破綻寸前の状況に達しない限り、再生不能となる

以上、図表12に示すように「批判的思考力」と「自信・自己肯定感・幸福感」は、相互に影響し合いながら高まってゆきます。ですから、この2つが高い人達が多い会社は、変革インセンティブが強く「進化し続ける元気な集団」となります。逆に、それらが弱いと、「沈みゆく疲れた集団」になる可能性が高まります。

独創的思考「白いキャンバスに独自の絵を描く」

グローバル構想力を高めるための4つ目の思考方法は独創です。これは、すでに世の中にある、または他者のものとは異なる自分（達）の考えやビジョンを描き行動をすることです。何も描かれていない白いキャンバスに、世に存在しない独自の絵を描くようなものです。

その逆は、横並び、つまり「あの人達がしているから、または他社がしているから、だから自分（達）もそうする」というものです。このようなコピペの発想をもった時点で思考の停止を招きます。また、物事の本質を追求しなくなります。

その結果、表面的に真似をする、または既存のものに対し、部分的な修正や改善を繰り返すことになります。これでは、希少価値も付加価値も生まれません。

そこで独創すべき領域は大きく3つあります。

1つ目は、人生そのものの独創です。自分が今、そして将来にわたり生きる場所やライフスタイルなどです。

2つ目は、キャリア形成上の独創です。自分の今、そして今後のキャリアパスや労働市場でのポジショニングです。

3つ目は、仕事上の独創です。リーダーシップスタイル、人事労務管理スタイル、進めるべきプロジェクト、開発すべき製品・サービス、日常業務プロセスなどです。

そこで独創する際に、まず肝心なことは「果たして自分（達）にできるか？　周囲を説得できるか？」と思わないことです。その時点で思考が止まり、創造意欲が湧かず、自らの可能性を閉ざすことになるからです。

芸術界の巨匠パブロ・ピカソの言葉に「できると思えばできる、できないと思えばできない。これは絶対的な法則だ」「私はいつもできないことをしている。そうすればそのやり方を学べるからだ」との名言があります。まさにその通りだと思います。まずは、自分にとり身近なところから独創してみてください。

もちろん、人とは異なる、または前例のないユニークな生き方、行動、創作をするわけですから、周囲から、変人扱いされる、または結果的に潰されることもあるでしょう。しかし、こうした周囲の声を参考にしつつも、自分独自の軸を失わず、自分のため、そして社会のために続けることが肝要です。

また、万が一組織から排除されても、気にすることはありません。仮に今いる組織や立場で独創活動ができなければ、それができる組織に移ればいいのです。または、自らその環境をつくればいいだけのことです。

4つの思考力を高めるための5つの癖

ここで「全体的思考」「概念的思考」「批判的思考」「独創的思考」の4つを高め、同時に序章に示した7つの当たり前から抜け出すために、おすすめしたい5つの癖を次に示します。これらは、誰でも日常的に意識し実践できるものです。

共通する目的は、常に高い好奇心を抱き続けることです。何事に対しても「ちょっと待てよ、これはどういうこと？　なぜこうなったんだろう？　逆にこうしたらどうなるだろう？」「なるほど、でも他も見てみよう、実際に自分の目で確かめてみよう」などと関心を抱き視界を広げることです。

そこで、こうした好奇心が、温泉郷の源泉のように、日頃から絶えることなく自然に湧き立つためにはどうしたらいいのか？　そのために役立つのが次の5つの癖です。

1つ目は、「なぜ?」を問い続けることです。自分が置かれている状況、他者の言動、目の前で起きていることに対し、「なぜ」を問い、その答えに対し、また「なぜ?」を問い、これを納得いくまで繰り返すことをおすすめします。

2つ目は、「そもそも?」を問うことです。これが当たり前と、自分が何気なくしていたことや、何気なく見聞きしていた他者の言動は、単なる幻想かもしれません。合理的に突き詰め考えてみると、無駄が多い、意味が薄い、マイナスが多いことがたくさんあります。別の考えや方法が浮かぶ可能性もあります。ですから「そもそも、これは何なのか?」「そもそも、これでいいのか?」「そもそも、これは本当か?」「そもそも、これしかないのか?」「そもそも、なぜ自分はこれをしているのか?」と問い続ける癖をつけることをおすすめします。

3つ目は、「地球儀を回す」です。毎日世界では様々なことが起きています。これを、地球儀を回すように様々な角度から見てみます。その出来事の真相や背後にある歴史、社会構造、地政学的メカニズムです。これらの情報は、日本のテレビやネットだけではなく、世界各地のメディア、調査データ、論文などから収集し分析することをおすすめします。その際、英語など多言語で行うのが効率的ですが、「DeepL」などの翻訳アプリを活用してもいいでしょう。筆者も英仏語以外での情報収集時に使いますが、無料ですし、とても便利です。

４つ目は、「非日常体験を増やす」です。自分とは異なる仕事をしている、異なる土地に住んでいる、異なる生活をしているなど、自分が知らない環境で生きる人達と出会う機会を増やすことです。普段なかなか読まないジャンルの本、映画や芸術を観る機会を増やすことです。方法論はたくさんあります。旅に出る、地元の祭りに参加する、地域ボランティア活動に参加する、その土地の美術館に行く、異業種交流会に行く、一時的に移住してみるなどです。

５つ目は、「想像し続ける」です。これは前述した４つの癖を行う際に必要なものです。「想像」については、哲学、心理学、言語学などの分野で多く研究され、また様々な役割や効能が指摘されています。例えば、今見えていないものを実現する、心をワクワクさせ

図表13：4つの思考力を5つの癖で高める

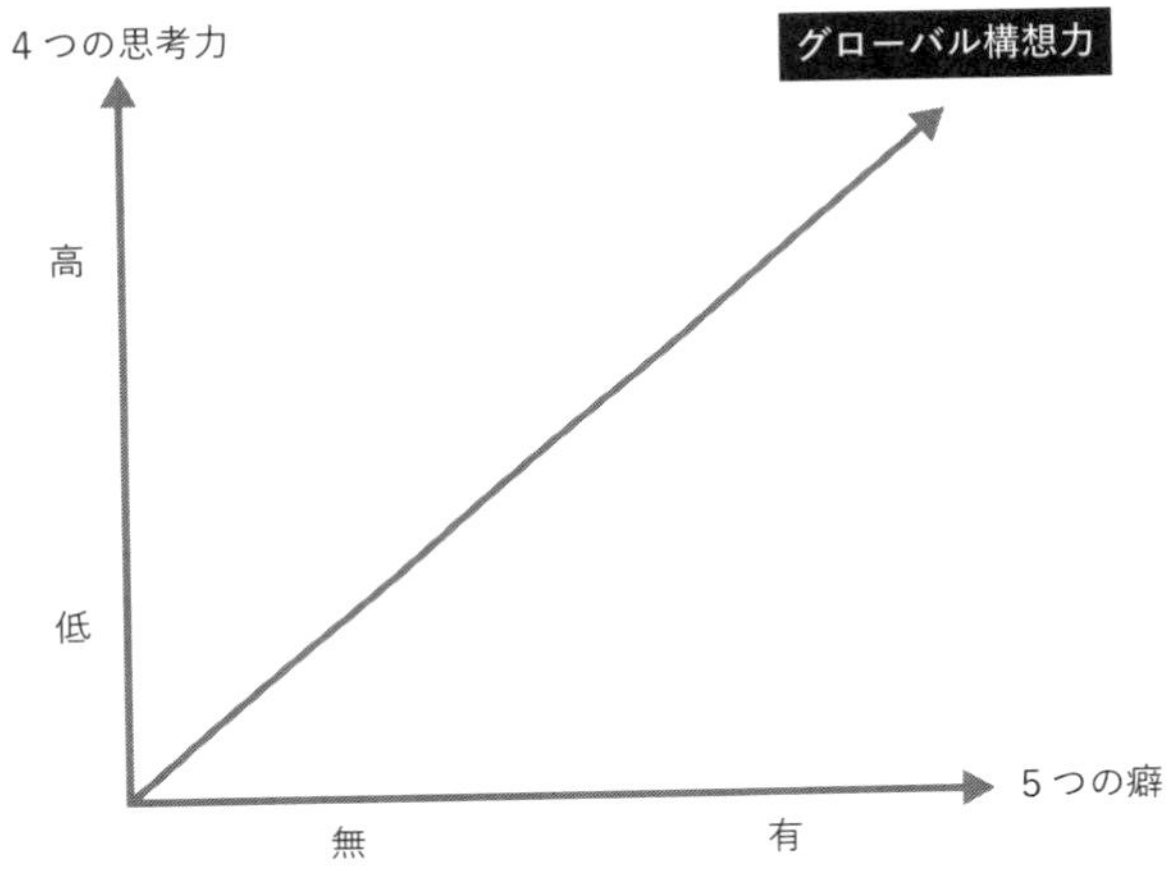

る、理屈ではない心の動きを活用する、芸術や自然の美を感覚的に鑑賞する、人生の意味を深く考察する、他者の心を理解する、創造を豊かにする、広い知識を得るなどです。

このように、4つの思考力を5つの癖で高めることで、個人も集団もグローバル構想力が高まるのです。

グローバル構想力を高めることを阻害する要因を取り除こう

グローバル構想力を伸ばすことに繋がる前述の4つの思考と5つの癖を実践するためには、一定の環境が整っている必要があります。特に不可欠なのが、広い視野で自由に多様なものに出会うことができる環境です。

逆にいうと、権力者や組織の管理者（トップや上司）から抑圧された不自由な環境では、それを伸ばすことができません。特に次のような環境にある会社、役所、学校などです。

グローバル構想力を伸ばす際の10の阻害要因

1. 様々なことを自由に考え表現する機会が少ない
2. 様々なことに挑戦できない
3. 個性や独創性が尊重されない
4. 従うべきルールや枠組み（こうあるべき）が多い

5. 日々の生計を立てることに追われ、それに多くの時間やエネルギーが費やされる
6. 退屈なルーティン作業を繰り返す
7. 短期的な締め切りや目標達成ノルマに追われる
8. 周囲（友人、家族、同僚など）の協力を得られない
9. 組織のトップや直属の上司が創造的な考えや仕事に興味がない（またはそれを拒む）
10. 精神論（根性、不退転の覚悟、全員一丸、頑張るなど）で支配され、科学的アプローチが欠如する

さて筆者も含め多くの人は、これら10個の阻害要因のうちのいくつかを抱えています。すぐには取り除けないものもあるでしょう。

ただ、そこで諦めていては何も進みません。全ての要因を取り除くことができなくても、一つひとつ取り払ってゆきたいものです。

そのためには、トップや上司など周囲の理解と努力も不可欠です。可能な部署や職種を皮切りに、これら阻害要因がなくなるよう組織づくりをすることです。従業員が自由にの

びのびと活動でき、多様な人や考えと交わることで生まれるポジティブな化学反応が、日常的に起きる組織の環境や風土づくりです。

一方、従業員も、第1章の抜け出すべき当たり前⑦「お上や他者がやってくれる」というスタンスでは、時間がどんどん過ぎてゆきます。

ですから、今いる組織にあるこうした阻害要因を自ら取り除く、または自らこうした阻害要因が少ない環境に身を移す必要があります。そのために不可欠なのが、この後の第5〜7章に示す3つの力です。

第5章

インパクトある対話力を磨く【コミュニケーション】

日本人のコミュニケーション特性の功罪

日本人のコミュニケーション特性には、世界から称賛されるものと、逆に受け入れられにくいものがあります。

称賛されるものは、世界的にもユニークかつ豊かな感覚表現です。歴史的に日本人が、芸術や日常生活を通じ発展させてきたものです。その中でも、普遍的で世界に誇れる、また実際に世界に広がる代表例が次の2つです。

1つ目は、季節の移ろいや自然を感じとる豊かな日本語表現です。例えば、時候の挨拶に使われる表現は、二十四節気を中心に様々あります。また、雨を描写した単語は400を超えるといわれます（五月雨、夕立、秋雨、時雨、雷雨、涙雨、通り雨など）。季語や季感を交える俳句は、20世紀初頭にフランスに伝わって以来、今や世界70カ国200万人以上の愛好者を抱えるといわれています。また世界的にサステナブル社会への移行が進むここ数年、環境関連イベントで俳句が紹介される、また俳句入りのプリントTシャツが流通するなど一般市民の間にも広がりつつあります。

2つ目は、グラフィックシンボルとしての絵文字です。主に2つで、1つ目はピクトグラムです。1964年の東京五輪開催にあわせ世界で初めてつくられたユニバーサルコミュニケーションツールです。今や世界中の空港、駅、公園、図書館、役所、車中などで見かけます。2つ目は、デジタルコミュニケーションツールの「emoji」です。1998年にNTTドコモが携帯電話iモード向けに世界で初めて開発した176種の絵文字は、2016年10月ニューヨーク近代美術館（MoMA）の所蔵品に登録されています。今や「emoji」は世界的に普及し、約2000種類がUnicode（文字コードの業界規格）により定められているといいます。

以上が、世界から称賛される日本人のコミュニケーション特性ですが、逆に受け入れられにくいものが多くあります。つまり外国人とのコミュニケーションでは避けるべきものです。

その最たるものは、第1章の国民文化比較「モノサシ12選」で示した「暗示的なコミュニケーション」と「異見の回避・すり合わせ」の2つです。

2つとも、国際社会の中では特に日本人に強く見られるものです。また筆者も、コンサルティングや研修を通じ、これらが原因で生じる問題の予防や解決に関わることが多いものです。

本章では、これら2つの特性をはじめ、その他に気を付けるべきコミュニケーション方法を示します。これらがどういうもので、どういう問題に繋がり、これを避けるにはどうしたらよいかです。

暗示的コミュニケーション

日本を一歩出ると「暗示的なコミュニケーション」は通用しません。発言でも書面でも、言葉少なにコンテクスト（文脈、行間、前後の状況、常識、暗黙のルール、場の空気、周囲の目、距離感、タイミングなど）を多用したあいまいな対話は成立しづらくなります。

その理由は2つです。

1つ目は、日本人間で共有するコンテクストを外国人は共有していないからです。当然ですが、暗示的なコミュニケーションの成立条件は、対話者間でコンテクストが共有されていることです。コンテクストが共有されやすいのは、長年にわたり同じような環境の中で生まれ育ち、文化的に同質性が高い人達の間です。

例えば、同じ漫画やテレビ番組を見て、同じ教育を受け、同じ釜の飯を食い、共に汗を流し、同じ出来事やイベントを見て感動や悲しみを得た人達の間です。こうした人達の間では、以心伝心、暗黙の了解、阿吽《あうん》の呼吸などの非言語コミュニケーションも成立します。ただ、これらは、外部の人達との対話では無用の長物でしかありません。

2つ目は、欧米を中心に多様性の高い国々の人達から誤解を招くからです。多様な文化をもつ人達が集まる国々では、人々の間で、互いに共有できるコンテクストが少なくなります。ですから、伝えたいことは言語（言葉や文章）で直接的に伝え、逆に相手はそれをそのまま素直に受けとめます。つまり、彼らには、相手の心内を察する、または忖度する癖はないのです。

こうしたことから、日本人と多様な環境に慣れた人達との間でのビジネスでは、次の事例にあるような問題が起きます。

事例　共同プロジェクト提案

某日本企業に、アメリカの事業パートナー企業のA氏から、共同プロジェクトの提案があった。その直後、日本企業の担当者J氏は、メールとWeb会議でその内容について説明を受けた。ただ直観的に、同プロジェクトにはメリットも少なく社内の同意も得られないと感じた。

にもかかわらず、J氏はその本音とは裏腹に、「よく考えられた興味深い提案をありがとう。社内で検討してみる。ただ今は忙しいので、少し経ってからまた話そう」とA氏に笑顔で答えた。そこでA氏は、上司に「相手は提案を気に入ってくれて興味をもった。少し時間をおいてから再度話すことになった」と報告し、J氏からの連絡を待っていた。

ところが、2週間経っても何の返事もない。そこでA氏は「翌月、日本に行く予定があるので、そのときに会って話そう」と提案した。それに対するJ氏の返事は、「今も社内でもんでいる、会いたいのだが今のところ予定が見えない。時間調整してから連絡する」であった。ところが、その後2カ月が経過するが何の連絡もない。

A氏は「あのWeb会議でのポジティブな返事は一体何だったんだ？　偽善だった

のか？　さっぱりわからない」「なぜ時間調整に2カ月もかかるんだ？」「結局、時間を無駄にしただけだ」と不満と不信感だけが募った。

この事例では、仮に共同プロジェクトの提案者が日本人であれば、Ｊ氏やその関係者の関心が薄いことを察せたでしょう。

しかし、外国人にこうした暗示的な伝え方をしても、Ａ氏のように不満と不信感を抱かせることになります。その挙句、「日本人は正直ではない、不誠実だ。何を考えているかわからない。時間もかかるし面倒くさい。もう一緒に仕事したくない」となることも多々あります。

なお、こうした日本人の暗示的なコミュニケーションにより不満や不信感を抱くのは、この事例にあるアメリカ人だけではありません。筆者が知り得るだけでも、日本人との仕事の中でこうした状況に遭遇し、悪い印象をもったという外国人は国籍を問わず多くいます。

そこで以上の問題を避けるためにとるべきコミュニケーションは次の２つです。

1. 最初から本音（興味がなく社内承認も得るのが難しい）を、その理由もつけて明確に伝えておく（その方が相手には親切）

2. 仮に、本当に社内調整中で時間がかかっているのであれば、その事実を理由もつけて明確に伝える（日本企業特有のコンセンサスによる意思決定プロセスをきちっと説明すれば、相手はわかってくれ、待ってくれることも多い）

異見の回避とすり合わせ

「異見の回避・すり合わせ」もマイナス面が多くなります。仮に、関係者10人が一堂に会した会議で、大した議論・討論がなく、2〜3人が発言し終わったとします。これは、波風が立たず集団の和も保たれ効率的でいいじゃないかという人もいるかもしれません。

しかし欧米を中心に議論・討論文化をもつ人達からすると逆の解釈になります。「会議では、ごく一部の人達だけが、短くしかも同じような発言をしていた。黙っていた人達は、自分の考えをもってなかったのだろうか？　なぜ、わざわざ時間とコストをかけて参加しているのだろうか？」と理解に苦しみます。

その根底には、参加者間で共有される2つの基本認識があります。1つ目は、会議は、参加者間で議論し決める場、もし意見が分かれた場合でもボス（責任者）がその場で裁断するということです。もちろん時間が足りないなどの理由で、全ての会議で参加者全員が発言するとは限りませんが、「会議には顔を出すではなく参加する」というのが一般的な認識です。これは、学校で「授業に出るではなく、授業に参加する」という幼少からの習慣も影響していると思われます。2つ目は、議論・討論は、集団知を高め、みなでより良い結論を導くものとの認識です。

このような文化の違いにより、議論・討論文化をもつ人達が多数を占める国際会議では、日本人は発言が少なく議論の輪に入れないということが起きがちです。特に、日本に関連しないテーマでの会議では存在感が薄くなります。他の参加者は、こうした静かな日本人参加者に対し「発言しないということは、興味がないのか、何も考えてないのか、チームワークに参加したくないのか」と悪い印象をもつ可能性が高まります。

こうしたリスクを避けるためにも、日頃から自分の考えをもち、異見も含め相手と対話できるようにしたいものです。そこで次は、会議の場で、周りに引けを取ることなく発言することでチームに貢献し、他の参加者から存在を認められるために必要なことを示します。

日頃から考え言語化し対話する

前述した2つのコミュニケーション特性により起こる問題は、外国人との間だけではありません。日本人の間でもあり得ます。なぜなら、ゆっくりとはいえ日本国内でも多様化が進んでいるからです。近年、多くの日本企業が社員のコミュニケーション能力を重要視する背景には、この社会の多様化に伴う、これら2つのコミュニケーション特性に対する問題意識の高まりもあるかもしれません。

こうした背景の下、海外との接点の有無にかかわらず、次の3つを日頃から意識し実践されることをおすすめします。

1 考察とその体系化の日常化

日頃から、仕事関連はもちろんのこと、様々なテーマについて、前述の4つの思考方法と5つの癖を実践する。

2 対話と問答の日常化

日頃から、様々なことについて建設的に議論ができる仲間を社内外でつくっておく。そして、彼らとの対話と問答を重ねることで、自分の考えやその伝え方に磨きをかけておく。

3 相互尊重による建設的な対話

対話は決闘ではありません。その目的は、相手を負かす、または陥れることではありません。前述した通り、集団知を高め、より良い社会や組織にしてゆくことです。その前提にあるのが、互いの異見を尊重し、それに耳を傾け、相互により良い解を見出すということです。

従って、対話では、誹謗中傷や人格攻撃は言語道断です。また、批判的思考ではなく文句や不満を言うだけでは非建設的です。こうした発言があった時点で、自他ともに心が閉じ、感情的しこりだけが残ります。

そこで、これら3つの実践を助ける5つの視点と会話例を次に示します（対話の相手やテーマなどにより言い回し方は多少変えるにしても）。

1. 対話の目的を確認「例：今日は、○○についてチームとしてより良い方向性を見出したい。なので、みなさんからの忌憚のない意見を期待している」

2. オープンマインド「例：なるほど、そういう考えもわかる。それ良い質問だ、質問してくれてありがとう」

3. 先手を打つ「例：この件について僕はこう考えるけど、君はどう思う？」

4. 理解を示す「例：君の言うこともわかるけど（または、一理あると思うけど、そうかもしれないけど）、僕はこう考えているので受け入れ難い」

5. 部分否定「例：君が言うAの部分は賛成だ。ただBの部分については、僕は○○と考えるので賛成できない」

三種の神器「名前」「挨拶」「感謝」をフル活用する

当然のことですが、仕事でも日常生活でも、対話は人と人の心の交流という側面もあります。ですから最初から相手との心の距離を縮め、良好な関係を築きたいものです。そこで、世界のどの文化圏においても必要な3つの基本動作があります。

1つ目は、相手を名前で呼ぶことです。一般的に日本人は、第1章「抜け出すべき当り前①」で示した通り、肩書を通して人を見がちです。また文化的に、出会って間もないうちは名前で呼び合わなくても互いに違和感をもちません。

ただ、国際環境では、出会って早々に相手を名前で呼ぶことで、より早くより良い人間関係をつくれます。名前は人のアイデンティティそのものです。相手を「あなた」「君」「おたく」「そちら」ではなく、その人固有の名前を呼ぶことで、「組織以前にあなたという個人に親しみをもち、あなたを尊重し認めていますよ」とのメッセージが伝わります。

これにより、出会ってから早期に相手との距離感が縮み対話がよりスムースになります。とはいうものの、国により苗字と名前のどちらを多用するか、その使い分けのルールや慣習は異なります。また、敬称（Ms, Mrs, Mr, Professor, 殿、様、先生など）の役割や語彙も異なります。

ですから、複数の国の人達と会うような場面で迷った場合には、その場で「あなたをどう呼んだらいいですか？」と尋ねればいいのです。逆に、相手から自分を呼んでもらう際に、自分の名前が長く相手にとり発音しにくいものであれば、短くしたニックネームで呼んでもらうのもいいでしょう。例えば、筆者の名は、ＫＩＭＩＨＩＫＯと長いので、「ＫＩＭＩと呼んでいいよ」と最初に伝えます。

２つ目は、当然なことですが「おはよう、こんにちは、こんばんは」などの挨拶です。これは仕事以外でも重要です。例えば、お店、レストラン、駅・空港・機内など公共交通機関などでサービスを提供してくれる人達に対してです。

挨拶することで、自分も相手も、１日を気持ちよく過ごすことができます。また、相手から思わぬ貴重な情報をもらえる可能性すらあります。無意識かつ笑顔で挨拶する癖をつけたいものです。

３つ目も当然のことですが、「ありがとう」と感謝の意を伝えることです。これもお店、レストラン、公共交通機関など、仕事以外の場所でも必要です。相手に感謝の意を伝えることは、自分にも相手にもプラスはあってもマイナスはありません。

もちろん、三種の神器ともいえるこれら3つの基本動作は、その有効性や普遍性のわりには、普段から意識しないとできないものです。よく海外で、悪気がないとしても、こうした動作がない日本人旅行客や出張者を目にすることがあります。もちろん、挨拶や感謝は、アジアなど一部の文化圏やお店の種類により、店側も客側も口にしないこともあります。または、慣習として店側だけがして、客側はしないという文化圏もあります。

しかし、挨拶や感謝は、互いの心の距離感を縮め幸福感を高めます。日本を含め世界のどこであれ、どんな場所であれ、どんな相手であれ、これくらいは無意識に言葉にでる癖を身につけたいものです。

原稿を読まずに伝える

誰しも仕事の中で、講演、演説、会見、プレゼンテーションなどを通じ、特定の人達に向け発信する機会があると思います。こうしたパブリックスピーキングの目的は何かというと、「伝えたいこと」について、聞き手から最大限の理解、好印象、そして共感を引き出すことです。

また、聞き手が誰であれ、伝え方には共通の原則があります。

それは、多くの研究で示され、広く知られていることですが、「聞き手は、話の内容もさることながら、視聴覚情報に強い印象を受ける」ということです。視覚では、話者の表情、動き、態度、容姿などです。聴覚では、話者の声質、話の抑揚やリズムなどになります。

そこで、聞き手の国民文化や言語特性により、どういう視聴覚情報が好まれるかは多少異なるものの、万国共通に良い印象を与える方策があります。それは、聞き手の顔や目を見ながら、自分の考えを自分の言葉で語りかけることです。

一方、逆に聞き手が退屈になり悪い印象をもつのが、話し手による原稿（特に他者が書いた）の棒読みです。最初から最後まで、原稿用紙、パソコン、または後方スクリーンにある文字から目を離さずに読み続けるものです。これでは、話し手がもつ価値観、信念、情熱、個性が伝わりません。また「伝えたいこと」への理解、好印象、共感を得るというスピーチ本来の目的が達成できません。

そこで、スピーチ中になるべく多くの時間、原稿から目を離せるようにするために、次の４つの癖をつけることをおすすめします。

1．関連テーマについて、普段から深く考え、それを他者と議論するなどアウトプットする

2. 伝えたいことを自分の言葉でシンプルに整理し、頭に落とし込んでおく
3. 原稿を見ざるを得ない場合は、内容の骨格となるキーワード、覚えにくい補足的な数字や固有名詞程度に留める
4. 普段から、社会的倫理に反する差別（人種、ジェンダー、国籍、身体、容姿など）やハラスメント（パワハラ、セクハラなど）ととられる発言はしない（それが無意識に出るリスクがあるため、また、国により社会的倫理に反すると見なされる発言が異なることもあるため海外では特に注意が必要）

残念ながら、この原稿読みは、日本の多くの政治家や企業経営幹部によるパブリックスピーチで見られます。

さらに残念なことは、あえてそうしている人達がいるということです。言葉狩りや揚げ足取りによる他者からの攻撃を避けるため、専門家やスタッフが用意した原稿を読む方が安心という背景があるようです。たしかに筆者も、日本にはこうした発言者の言い間違い、言葉尻、発言の一部切り取りによる批判や攻撃が、メディアやSNS上に溢れていると思います。

しかし、これは全く非生産的です。大事なのは本質を理解し、本質で対話することです。もちろん差別やハラスメントと捉えられる言葉は、控える必要はあります。ただ、伝えたいことの本質が伝わらなければ、発言者と聞き手の間で何も建設的なものは生まれません。多少は間違えてもいいので、しっかり聞き手の目を見て、聞き手との間で心通い合うスピーチをしたいものです。

早く本音に入る

前述したように、日本人は長い時間をかけ徐々に相手との関係を縮め、信頼感を醸成する傾向にあります。そのため、建前から本音に移るまでに時間がかかります。

図表14は、一般的な日本人（J氏）、アメリカ人（A氏）、フランス人（F氏）の相手に対する信頼度（縦軸）と経過時間（横軸）の相関関係イメージです。3人が同時に初対面後、建前から本音に入るまでの時間が、A氏が最も早く、F氏がそのすぐ後を追い、J氏はかなり遅れます。つまり、A氏とF氏は、早めに相手への信頼度を高め自らの心も開きますが、J氏はそれに時間をかけます。このギャップは、筆者の様々な現場での経験知から確信できるものです。

そこでA氏やF氏とJ氏の間で問題になるのが「勘違いによる誤解」の発生です。図表

図表14：人の信頼度カーブ　日米仏比較（イメージ）

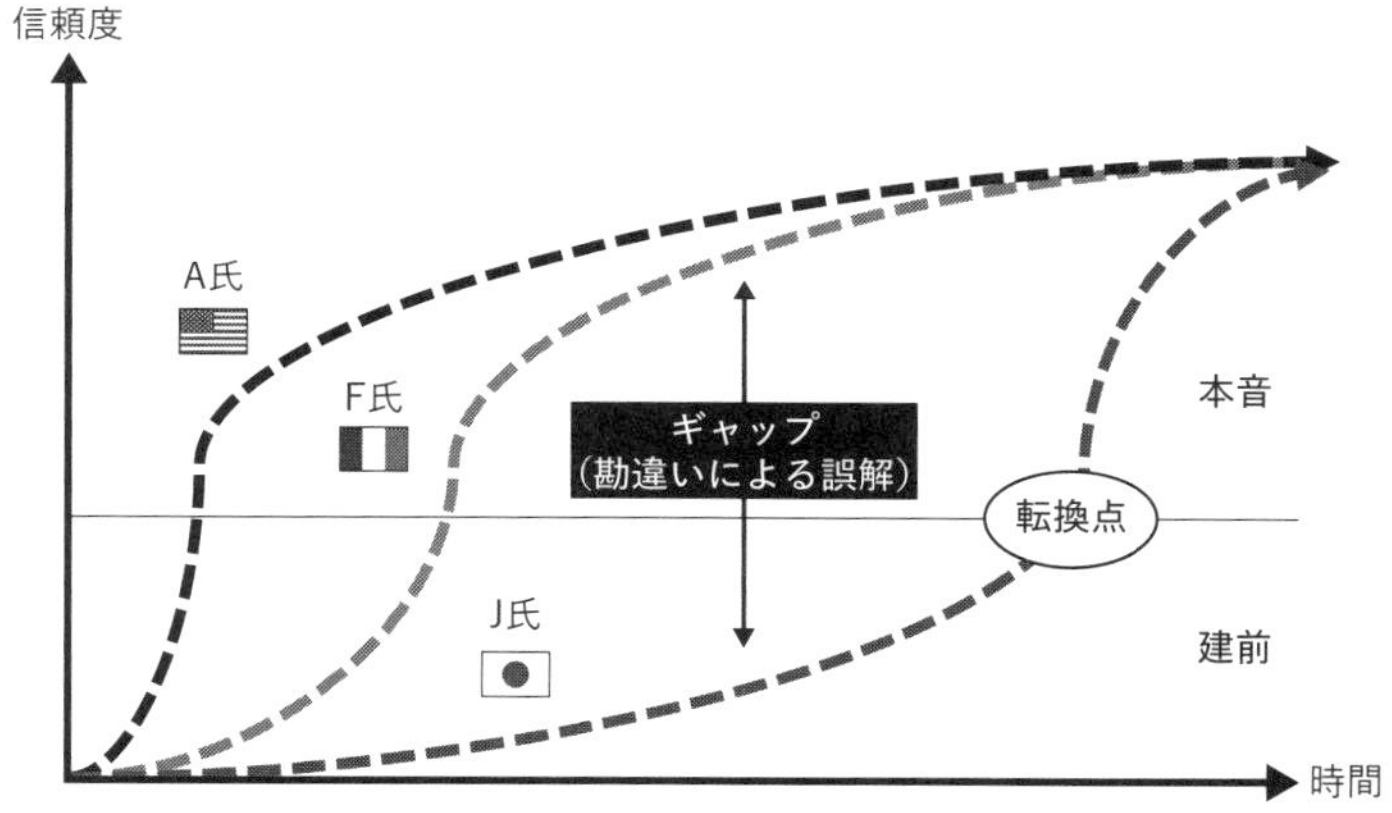

のギャップ、つまり本音ｖｓ建前の構図になっている部分です。A氏やF氏は、J氏の言うことを本音と捉え、それを前提に物事を進めようとするからです。

このギャップが、多くの問題を生みます。例えば、前述の事例「共同プロジェクト提案」で起きたような「彼（日本人）は、こう言っていたから、こうしたが、その後、何も動かない、または違う方向に行っている。彼の言行不一致は、一体何なんだ？」ということです。

筆者は、こうした経験で問題を抱える外国人に対し、まず日本人同士の関係づくりにおける次の2つの特性を説明します。

1【心理的安全性】

文化的に不確実性の回避志向が非常に強い。よって初めて会った人への警戒感が強く、相手の人柄を見極めつつ関係づくりを慎重に進める。特に知人からの紹介を介さないで会う相手や不慣れな外国人とはそうなる。

2【段階的な移行】

文化的に暗示的コミュニケーション志向が非常に強い。よって、相手の言動の背後にあるコンテクストを読み、真意を探ろうとする癖がある。

そこで、相手の顔・気分・背景が見えにくい、つまり相手のコンテクストや真意をつかみにくいメールや電話では人間関係づくり、ひいてはビジネスを進めるには限界がある。従って、コンテクストを感じ取りやすいWeb会議、面談、夜の飲食を通じた対話を交えつつ、徐々に安心感を高めていき、これに比例して心を開き、建前から本音に移っていく。

次に、彼らに、日本人の信頼曲線カーブの上昇を加速してもらうため、彼らが置かれた状況に応じ、様々なアドバイスをします。

その中でも次の9つの策は、どの状況でも当てはまる策として必ず伝えるようにしています。

1. 可能な限り共通の知人を介して会う
2. 挨拶など日本語を少しでも使う
3. ゆっくり話し、相手が理解していないようであれば言い方を変えて再度伝えてあげる
4. 話したことを、後でメールでも復唱し確認する
5. 日本のことに関心を示す（文化、歴史、和食、日本語など）
6. 仕事話だけではなく、差し支えない範囲でプライベートな話も交える（家族や趣味など）
7. 可能な限り早く対面会議や飲みニケーションをする

8．聴く耳をもち、相手の話の途中に割り込まない
9．誠実性を言葉だけではなく行動でも示す（時間厳守、約束を守るなど）

もちろん、こうした策は双方向で必要です。、日本のみなさまも、一時も早く誠実に本音を伝える努力が必要です。

そのためには、第1章の抜け出すべき当り前⑤「ノーと言うのは良くない」、抜け出すべき当たり前⑥「空気を読める人＝できる人」、そして前述した「異見を交える効能」を強く意識して彼らと対話してください。

予兆なしに急に手のひら返し

「良い関係にあると思っていた日本人の態度が、なぜか急変した」……筆者の周りだけでも、日本人からこうした手の平返しを受けた経験がある外国人や海外在住日本人が多くいます。昨日まで、普通に会話していた上司、同僚、ビジネスパートナー、クライアントなどから、急に冷たくされた、上司に告げ口された、解雇や降格された、取引が打ち切られた、交渉をストップされたなどです。

本人は、狐につままれた思い、相手から裏切られた思い、引いては自身の威厳を踏みつぶされた思いに陥ります。また、こうしたケースでは、相手に理由説明を求めても明確な返事がないことが多く不可解です。

では、なぜこうしたことが起こるのでしょうか？　その主因は、幻想と実態のギャップです。次ページの図表15の左のイメージは、外国人（特に日本人の文化に精通しない）が抱く幻

図表15：幻想と実態（イメージ）

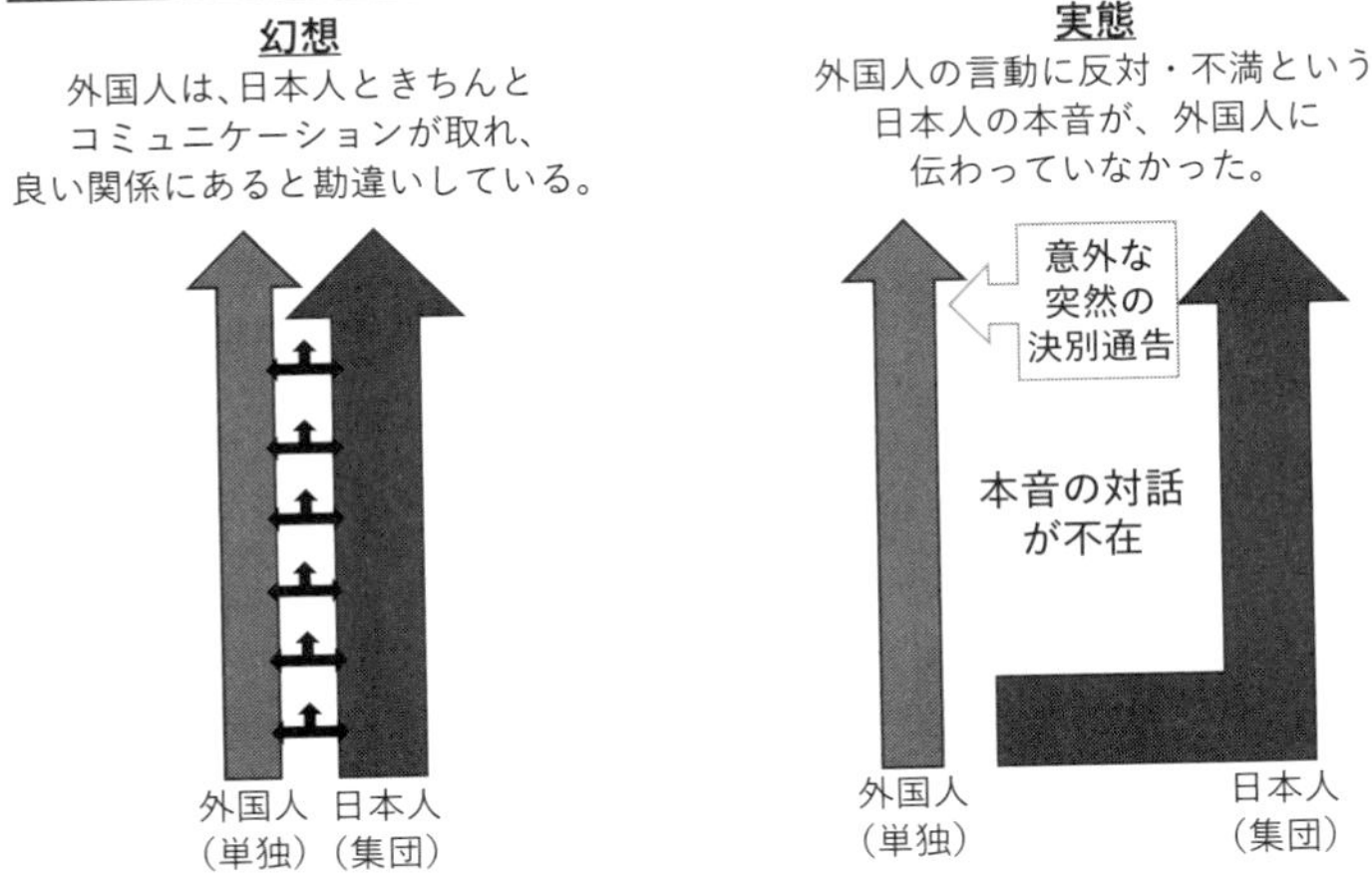
幻想
外国人は、日本人ときちんと
コミュニケーションが取れ、
良い関係にあると勘違いしている。
外国人
（単独）
日本人
（集団）
実態
外国人の言動に反対・不満という
日本人の本音が、外国人に
伝わっていなかった。
意外な
突然の
決別通告
本音の対話
が不在
外国人
（単独）
日本人
（集団）

想です。日本人とそれなりのコミュニケーションも取れているので互いに良い関係にあるとの勘違いです。右のイメージは実態です。実は日本人は、「不満を抱いていた、その人への信頼が不十分だった」にもかかわらず、外国人はその空気を読めず、実際には日本人との間に心の溝があったということです。

そこで、図表16で示すように、この幻想と実態のずれの原因は、第2章の図表3：国民文化比較「モノサシ12選」で示した複数のモノサシで説明できます。

図表16：関係性の認識ギャップ

外国人（特に欧米人）	日本人	モノサシ
日本人は私の考えを理解、支持してくれ、きちんと協力してくれている →装った相手の言葉を真に受け、相手の空気を読めていないがゆえの勘違い	彼の言うことは理解に苦しみ、賛同もできない。また、コンセプトに関してとやかく言うが、具体的に何をどうしろというのがわからないので動きにくい。以上のことは相手にも伝えているつもりだが…… →実際には、相手に伝えたいことが正しく言語化されておらず、本音や真意が伝わっていない	No.3 明示的 vs 暗示的 No.4 感情表現 No.5 異見への態度 No.6 概念 vs 事象
日本人と良い関係にある →本人に悪気はないが、日本人の文化特性について勉強不足。また、場の空気を読まない、一方相手も本音を伝えてくれないがゆえの勘違い	彼は、仕事が大雑把、時間にルーズ、慎重さに欠ける、反論もしてくる、みなが忙しいのに長い休日をとる。なのでどうも馴染めず違和感がある。やはり日本人（内）と同じような関係にはなれないので、早く出ていってもらいたい →上記の不満や違和感を、彼に言語化し伝えず、相互の議論を通じ解決しようともしない	No.1 個人 vs 集団 No.7 不確実性の回避 No.8 意思決定プロセス No.9 規則への態度 No.10 時間への態度

筆者は、欧州企業と日本企業のM＆Aや合弁事業を中心に、いくつかの現場でこうした問題の解決に関わってきました。近年、日本企業の本社でも、役員を含め外国人の登用ケースが増えています。また、プロスポーツなどの世界でも監督を含め外国人指導者が増えています。彼ら外国人の中にも、こうした文化ギャップにより解任や退任に追い込まれた人がいるはずです。こうしたケースは、特にダイバーシティが大事と、外国人を採用するのはいいが、その多様性をインクリュージョンする能力や文化がない組織で起こります。

さらには、こうしたケースは、外国人に限らず、それまで組織内には少なかったいわゆるマイノリティ（女性管理職、性的マイノリティなど）でも起こり得ます。なぜなら、長年ともに勤める文化的な同質性が高い男性中心の内輪組織の中に異なる文化的背景をもつ人が入るわけですから、インクリュージョンはそう簡単ではありません。こうした認識のもと、互いに気持ちよく仕事するためにも、いきなり絶縁するのではなく、互いの文化を理解する努力と心開いた話し合いによる解決の姿勢が不可欠です。

第6章

早・短・楽の仕事力を磨く【行動】

キャリアも人生も自分で切り開く

第1章でもお伝えした通り、戦後多くの日本人は、自分のキャリアひいては人生の行方を、所属する組織に委ねてきました。日本独特の終身雇用・年功序列・社内異動を柱にしたメンバーシップ型雇用によります。実は、筆者が日本企業のサラリーマン生活に終止符を打った大きな理由の1つが、こうした自分の運命を会社にコントロールされていた自分からの脱出でした。

幸いに、それから30年近く経た今、ようやく日本企業も、メンバーシップ型からジョブ型雇用への転換議論が盛んになっています。ジョブ型雇用の本質は、「各社員(個人)の人格と意思を尊重した会社と各社員間での利害一致による個別契約」です。各社がどの程度このことを理解し導入していくかは別として、こうした議論が起こること自体は良い傾向です。

一方、働く側も若い人たちを中心に「将来どうなるかわからない会社で一生働くとは考えられない」「会社の都合で自分の仕事内容・働く仲間・勤務地（生活拠点）を決められたくない」「滅私奉公で会社に尽くすなんてもってのほか」という戦後長く続いた日本独特の労働慣行から外れたい人が今後ますます増えることでしょう。

そして、自分の仕事・職場・働き方を、個人の自由意思をもって、自身で選択するのが当たり前の時代に入ってゆくことでしょう。

そこで、こうした自分のキャリアは、自分で切り開くという時代に強く生きるためには、次の3つの心構えが必要になってきます。

1つ目は自己責任です。当然ですが、自由や自立には責任が伴います。

2つ目は人生の目的を強くもつことです。自らの人生をどうしたいのか（ビジョン）、自分が社会の一員として存在する理由は何なのか（レゾン・デートル）です。この人生の目的を強くもつことで、会社や周囲から「やらされる」ではなく、その目的に沿った主体的なキャリア形成ひいては人生設計が可能になります。

3つ目は、時間当たり生産性の向上です。仕事を早く短く楽しく行う。そして、会社を離れた自分の時間を増やすことです。このワーク（仕事時間）とライフ（私的時間）の両方が充実することで、幸福感、レジリエンス（困難や脅威に対して、上手く適応しつつ成長する能力）、そして将来の可能性が高まります。そこで本章では、この2つ目と3つ目の心構えについて少し詳しく示します。

人生とキャリアの目的をもつ

生きる目的を必要とするのは人間の特徴の1つです。これは、充実した人生を送るために必要な基本的要素です。特に激しく変化し不確実性が高まり多様化する現代社会ではなおさら必要です。

これを欠くことで、毎日悶々と過ごす、そして不安・閉塞感・疎外感など心理的苦悩に繋がります。長らく情熱をもって打ち込んでいたものが何らかの理由でできなくなった。そして次の生きる目的を見出せない。その結果、人生が荒廃してゆく……一世を風靡した有名人も含めこうした人達は古今東西で見受けられます。

逆に、生きる目的意識が強ければ、朝起きてから「どうしよう」と悩むことが少なくなります。その目的に向かい何かに取り組んでいるときは、面倒臭さやストレスも軽減され、よりスムーズに人生を送れます。そして、目標に向かい飛んでいく矢のように一点に集中でき、心に張りが出ます。

これは目的意識をもつことが、次の4つの効能をもたらすからです。全てこれまでの様々な研究で明らかにされてきたことです。

1つ目は、生存能力の高まりです。第二次世界大戦中にホロコーストから生還したヴィクトール・フランクルというオーストリアの精神科医・心理学者がいます。彼は、1946年の著書『夜と霧、原題：Ein Psychologe erlebt das Konzentrationslager』で、第二次世界大戦中に自ら強制収容所で過ごした体験から、目的意識が生存能力を高めると指摘しています。共に過ごした多くの収容者の中で、「自分には目標や目的がある」と感じている人の方が生き残る可能性が高いとの観察に基づいています。例えば、愛する人との再会や、解放されたら成し遂げなければならない大きな仕事など、自分の将来のビジョンを持ち続けた人達です。

２つ目は、幸福感の高まりです。アメリカの心理学者ミハイ・チクセントミハイは、幸福・創造性・主観的な幸福状態・楽しみの研究、いわゆるポジティブ心理学研究を基にこのことを示しています。彼は、フロー（周囲や自分を忘れて没頭する状態）の概念を提唱していますが、目的意識が強ければ、このフローをより頻繁に体験する可能性が高く、これが主観的幸福感を高めるとしています。

３つ目は、自尊心の高まりです。高い人生の目的意識を持ち続けると、困難や問題に果敢に立ち向かい、これに打ち勝つ可能性が高まります。その度に、有能感や達成感が高まることになります。また、自分自身が目指す目標に近づいていると感じることで自信も深まります。

４つ目は、希望の膨らみです。目標に向かい努力し、その目標を達成することで人生がより良い方向へ変化することを実感できます。目的の種類にもよりますが、今よりも良い生活、他者から被る苦しみや抑圧からの解放、より健康な心身の状態などに向けた希望が膨らみます。この希望が幸福感を高める効果をもたらすことになります。

時間当たりの生産性を高める

戦後これまで長い間、日本人の生産性の低さは国内外で注目されてきました。OECD（経済開発協力機構）の2020年度調査によると、日本の就業者1人当たり1時間当たりの労働生産性は49・5ドルです。これは加盟38カ国中23位で（G7諸国では最下位）、データ取得可能な1970年以降で最も低い数値となっています。

もちろん、こうした調査では、無給労働時間（サービス残業や祝日労働）や在宅テレワーク時間などが各国でどこまで反映されているかなどの疑問も残ります。ただ、少なくともフルタイムワーカーの平均時間では、日本人が他の先進諸国の人達に比べ、長く働くというのは間違いないと思われます。

そこで、この就業者1人当たり1時間当たりの労働生産性は、年間の国民総生産（国内で産出された付加価値の総額）を総労働時間（就業者数×1人当たり労働時間）で割った数値です。つまり、この数値を上げるには、分子である国民総生産を高め（より多く稼ぎ）、分母である総労働時間を下げる（より少なく働く）しかありません。

一方、前例をあてにできず、唯一の絶対的な正解がない現代社会では、創造性が求められています。そのためには、既定の業務を早く終え、私的時間を増やし、そこで創造力をいかに養うかが重要になります。

私的時間とは、睡眠時間を除いた全ての時間です。家族や恋人と過ごす時間、食事、趣味、学び、スポーツの時間、通勤時間、そしてバカンス期間などです。一般的に欧州では企業エグゼクティブなどリーダーの立場にある人ほど、有給休暇も含めこうした私的な時間をしっかり確保します。

今後、日本でも企業や個人を問わず、この時間当たりの生産性の向上を優先した事業や働き方の選択が期待されます。その実現のための鍵は2つです。

1つ目は、マインドシフトです。「長く働く人＝優秀、頑張っている、粘り強い人」から「短く働く人＝優秀、工夫している、能力が高い人」へのシフトです。

2つ目は、意味がない（または薄い）動きの排除です。理不尽・無駄・無理を徹底的に削ぎ落とすことです。

このマインドシフトや無駄の排除を実現するために重要となるのが、第4章で示した、自分が置かれている状況、他者の言動、目の前で起きていることに対し、「なぜ？」と「そもそも？」を問い続ける癖です。

日々の仕事の目的を問う

仕事をするにあたり、その内容や方法以上に大事なことは、「なぜ、これをしているのか？」という目的です。これをしっかり理解することで、その達成に最適な業務の内容や方法を特定できるからです。「なるほど、その目的であれば、前任者がやってきたA業務をこのように進めるより、B業務をああやって進めた方が効率、収益、そして社会的効果も高くなる」となります。

また、フルタイムワーカーの業務時間は、年間2000時間前後です。この膨大な時間を費やす日々の仕事の目的が、人生の目的にリンクすることで、より仕事に張りが出ます。また、人生の目的も早く達成できます。

もちろん、この2つの目的をリンクさせるか切り離すかの選択は各自の自由です。ただ「なぜ、自分は、またはチームメンバーはこの仕事をしているのか？」を問うことは、人生の目的と仕事の目的の親和性を測ることに役立ちます。

仕事の目的を的確に捉えるには、第4章で示した概念的思考が重要です。そこで、2つのアプローチがあります。

1つ目は、正統法で、大きなこと（森）から入り、段階的に小さなこと（林〜木〜葉）に移っていく流れです。日頃から、森から見る癖がついている人は、例え今している仕事が小さな木や葉の部分でも、その仕事の究極の目的を鳥瞰しつかむことができます。これにより、日々の業務の効率と効果が高まります。

2つ目は、逆行し、小から大に段階的に遡ってゆく方法です。

例えば、上司や取引先から、Aの仕事をやってくれないかと頼まれたとします。その際「なぜ自分がAをする必要があるのか」を問います。また、自分が関わるプロジェクトでBの仕事をしているとします。その際は「なぜ自分がBをしているのか」を問えばいいのです。

この「なぜ？」を繰り返しながら遡ることで、仮に自分が頼まれたこと（またはしていること）が木であれば、林そして森の順に各レベルの目的が見えてきます。

一方、残念ながら、日本企業で多く見られることがあります。それは、上司による目的の軽視です。

例えば、あるスタッフが上司から業務Aをするよう頼まれたとします。そこで上司にその業務の目的を尋ねます。ところが上司から「いいから、これやって」と、まともな答えが返ってきません。

こうしたケースで考えられる仮説は、この上司に何らかの劣等感があり、言語化して説明するのを面倒臭がっているということです。または、彼自身も上から頼まれ、その目的や内容を忖度し、それがあいまいなまま部下に下ろしているのです。

いずれにせよ、こうした上司は部下から見透かされ信頼を得られません。組織の作業ライン全体で無駄な動きが生じます。最終的に質の悪い結果を生む可能性も高まります。こうした上司の存在をなくすためにも、「なぜ？」が社内の至るところで毎日飛び交う組織文化への転換が必要です。

遅い日本の意思決定と初動

すでに示したように、日本の組織（国、企業など）における文化的特質の1つに、「決めない、または決めるのが遅い、その結果、初動が遅れる」というのがあります。これは、第1章の国民文化比較「モノサシ12選」でも示した集団的な意思決定システムによります。それが形式的か実質的かは別にしても、根回しなどにより関係者全員のコンセンサスを得ながら物事を決めるものです。

歴史的には寄合に近いものです。鎌倉幕府で制度化され、参加者は寄合衆と呼ばれていました。室町時代には、農民たちが村の自治運営を話し合う場になっていました。これが21世紀に入った今でも企業、役所、大学などで見られます。

そこで、この集団的な意思決定システムが発達してきた背景には、次の3つの日本人社会の文化特性があります。

1つ目は、現場主義です。日本では意思決定に参加する人は現場の人です。しかも大勢います。日々前線で働く社員に加え、トップを含め現場出身の経営幹部です。現場の人であるため、全ての細部（木や葉）の完璧性とオペレーションが気になります。コンセプト（ビジョン、戦略などの概念）やプリンシプル（基本的な前提や信念などの原理・原則）の以前に、細かい部分も含め全てが大丈夫であることが確認され、そこで初めて決断し動くことになります。

2つ目は、強い失敗回避願望です。何か自分が決めたことが上手くいかなかったときに、周りから責められたくない、降格されたくない、周囲に迷惑をかけたくないなどの理由から、失敗に対し極度に慎重になります。そこでコンセンサスによる意思決定プロセスは、個人責任を逃れるための緩衝材の役割も果たします。

3つ目は、強い変化への抵抗です。組織内の方針、体制、制度、業務プロセスなどの変化を好まない人が多いことです。

これに加え、リーダー層（特に2番手以下）も、自己の保身と生存を図りがちです。自分が前面に立ち痛みを伴う変革をリードすることで、こうした変わりたくない人達から嫌われたくない、彼らから潰されたくないとなります。

従って、時間をかけ波風立てずに賛同者を増やしながら変えようとなり、決断と初動開始までに時間がかかるのです。特に前例のないものは何年、いや何十年もかかります。

概念的思考で段階的な意思決定と行動

日本の組織（国、企業など）が、国際的な環境で活動するためには、意思決定と初動の遅れを解消する必要があります。特に変化が激しく不確実性が高まる現代社会ではスピードが命です。そのための方法として有効なのが概念的思考による意思決定と行動です。つまり、大から小へ段階的に決めて行動してゆくことです。

一般的に世界の企業での意思決定は、各案件の対象分野のマネジャー（特定の人物）により行われます。その責任者はその分野のプロと見なされています。従って、スピーディーな意思決定と初動が求められます。関係者から様々な意見を聞きつつも、その人物が即断します。仮に関係者間で意見が分かれた場合も、その人物がその場で裁断します。それがマネジャーの責任であり、最低限必要な能力だからです。

また、マネジャーであるがゆえ、その人物の役割は森（コンセプトやプリンシプル）を創り、これに従い自ら先頭に立って動き出すことです。その後は、段階的に林そして木のレベルの責任者が、森に沿う形で意思決定をして行動に移ります。

これに加え、どのレベルでも、まず動いてみて仮に上手くいかなければその都度修正すればいいと考えます。特に前例なき新しいことはそうなります。

その理由は、「人は誰でも間違えた決断を下すことがある」「特に前例のないことは誰一人として解をもたない」「何事もやってみないとわからない」という前提を基に決断し動き出すからです。

以上のことから、海外企業と日本企業の間では意思決定と初動までのスピード感にズレがあります。その結果、両者による業務提携や合弁事業などのケースでは、誤解、不信、停滞、衝突など様々な問題が発生します。

そこで、こうした問題を避けるためには、まず、相手に、前述の日本の集団的意思決定システムの特性を伝え理解を促すことです。その際、同システムにおける次の４つの長所も伝えます。

1つ目は、意思決定フェーズと意思決定後の行動フェーズの両段階で、多くの人が関与するのでグループダイナミクスが生まれやすいことです。

2つ目は、共有リーダーシップ（関係者全員がエンパワーされ自律的にリーダーの役割を担う）が醸成される可能性があることです。

3つ目は、最初から全ての細部を精査するため全体的に高品質で持続性が高まることです。

4つ目は、1〜3より、いったん意思決定がされたら、その後は関係者一丸となり全体で一気に素早く動くことです。

次に、日本のやり方を理解してもらいつつも、やはり国際関連案件では、素早い意思決定と初動が必要になります。そうしないと、国際競争力も国際的プレゼンスも高まらないからです。

こうしたことから、日本の集団的な意思決定と、国際標準の段階的な意思決定の2つのシステムを、プロジェクトの性質により使い分けることをおすすめします。後者は、世界と深く関わるプロジェクトで使うとよいでしょう。例えば、「世界的に開発競争を行う革新的技術やビジネスモデルの開発」「海外企業との共同事業・経営」などです。また、待ったなしでスピードが要求されるプロジェクトにも適しています。例えば、「事業転換や組織再編などの抜本的な改革」です。

また、この大から小への段階的な意思決定と行動は、組織だけではなく個人のキャリア形成や働き方でも有効に働きます。何か新しい夢やプロジェクトがあるのであれば、最初から細かいことにとらわれず、「人生の目的」に合っているのであれば、まずは動いてみることです。そこで走りながら軌道修正や補足作業をしてゆけばいいのです。

無駄な行動を省く

私達は、それに気付いているか否かは別として、次の2種類の無駄な動きをしてしまうリスクを抱えています。

1つ目は、理不尽な行動です。つまり道理（人の行うべき正しい道）に合わないことです。ハラスメント、虐待、不正、紛争など道理を逸脱する行為です。特に、日本のような集団性と同調圧力が強い文化圏では、組織ぐるみで理不尽な行為が起き、これが常態化しやすいので要注意です。上から命令された、前任者から引き継がれている、または周りがしているからという理由で、個人がそれに流される、または個人が抱く正当性や正義感が集団の同調圧力に飲み込まれてしまうからです。

2つ目は、非合理的な行動です。仕事でもプライベートでも、何の意味ももたない、または多少のメリットはあっても、それ以上にマイナス面（各種リスク、時間・エネルギーのロスなど）が大きい動作は多々あります。こうした非合理的な行動は、業務規程、マニュアル、行政手続きといった明文化されているものから、代々受け継がれてきた慣習の中に潜んでいます。特に日本では、この「非合理性の放置」が多くなります。それは、序章で示した「ルールは従うもの」との文化特性からきます。深く考えず従うだけでいいので楽な反面、自らの動作が非合理的であることに気付かず、または気付いても仕方なく従い続ける人が多くなります。その結果、古く意味のなくなった、また効率が悪く長時間労働を助長するルールが社会や組織内で長い間放置されてしまいます。その結果、化石化またやガラパゴス化した社会や組織になってしまいます。

参考までに、以下は、日本企業と仕事をすることが多い外国人の目に付く非合理的な行動例です。

■ 社内文書に時間をかける（パワーポイント、立案書、稟議書、業務レポートなど）
■ 電子メールに時間をかける（例え、社内関係者や何度も会ったことのある人に宛てるものでも、言

葉選びや、言い回し、誤字脱字チェックに時間をかける）

▩ 意味の薄い名刺交換（交換した名刺の大多数は後で役に立たず、渡した名刺が営業メールに使われるリスクがあるにもかかわらず）

▩ 何でもハンコ（三文判やシャチハタなど誰でもどこでも買えて他人でも押せる危険物であるにもかかわらず）

▩ 何でも定型様式に記入（独自性など伝えたいことを伝えにくい、様式に合わせる必要性からかえって時間がかかるにもかかわらず）

▩ 細かなルール（新規のルール作成も、既存ルールの見直しも、労力と時間がかかるにもかかわらず、自らを袋小路に追い詰めるようにルールを細かくする）

▩ 付き合いの仕事・飲み会（内心では、意味がない、帰りたい、行きたくないと思っているにもかかわらず）

以上の理不尽と非合理という2種類の無駄な行動の放置は、何も良いことがありません。それどころか、長時間労働問題や低い時間あたり労働生産性をかえって助長します。その結果、社会や組織の停滞と閉塞を長引かせます。

従って、組織も個人も時代の変化に合わせ、またはニーズを先取りし進化を遂げる必要があります。そのためには、日頃から無駄の排除に取り組む必要があります。今自分が行っている動作や自分が従っているルールは、果たして「人の道理にかなうことか？」「何の意味があるのか？」「リスクやロスが多いだけではないか？」と疑ってかかることです。そこで無駄と判断されるものは、その都度一つひとつ省いてゆくことです。

中には、「いや〜これを省くとなると、そのため仕事が増える、文句を言う連中がいて面倒だ、逆に不都合が生じるかもしれない、もしそうなったら自分が追いやられる、自分が責任を取らされる」……という人がいるかもしれません。ただ、こうした心配を気にすることなく、単純に無駄は省いてゆけばいいのです。逆に国や企業は、そうした行動ができる人を、きちんと評価してあげられる仕組みづくりなど、彼らが活躍できる環境を整えるべきです。

第7章

グローバル視座で教養を磨く

仕事の話しかできないリーダーはいらない

世界では、地球環境問題、人権問題、安全保障問題などのグローバルイシューを筆頭に、社会、政治、経済、経営、テクノロジー、生活様式などあらゆる分野で、抜本的な改革が叫ばれ、変化し続けています。

一方、日本ではこの30年、国・企業・個人の各レベルにおいて抜本的な変革や新しい考えやシステムへの転換は見られません。「いや日本も変わっている」と言う方がいるかもしれません。しかし、その多くは既存のシステムや前例の延長線上にある部分的かつ表面的な修正や改善の繰り返しです。根本的な病巣にメスを入れないがため、大勢や構造的な問題が改善しないどころか悪化する一方です。特に、進む少子高齢化、低下する経済力、上がらない労働生産性、強まる政治不信、低下する国民生活水準、進まない社会の進化などです。

そこで、この日本がなかなか変わらないというのは、これまで本書で述べてきた文化特性で説明がつきます。特に「変化への強い抵抗」「森を見ず葉を見る」「強い内向性」の3つです。

ですから、日本で変革が起きるには、こうした文化特性とは逆の文化をもつリーダーが必要です。これは、国でも企業でも同じです。

つまり、常に世界を広く俯瞰し、森を描きそれを示し、関係者の抵抗を乗り越え社会や組織を進化させられるリーダーです。そのために、常に外に目を向け、国内外の歴史、政治、社会、経済、文化・芸術、哲学、宗教、趣味などの幅広い教養を学び、外部の人的ネットワークを広げられるリーダーです。

こうしたリーダーは、話題も発想も豊富なだけでなく、人としての器も大きくなります。日頃から外の世界に目を向け活動範囲を広げているからです。多様性を肌で感じ、視界を広げ、自他の文化をバルコニーから客観的に眺め、自分の判断軸によるグローバル構想力を持ち合わせているからです。

ところが日本には、仕事の話はよくするが、それ以外のことには関心が薄く話題も少ないリーダーや管理職が相対的に多いと筆者は感じます。仕事関連の話とは、自分の仕事、会社、業界、社内人事異動、組織改編、それに仕事上の潤滑油的な話題（天気、プロ野球、週末ゴルフ、国民的ニュースネタなど）です。これはとても残念なことです。

全ての専門家にはなれないし、その必要もない

一般的に「教養のある人」というと、幅広い分野に造詣が深く、それが人格や品位として表れているような人物像が浮かびます。ただ、現実にはこうした全知全能の神のような人は存在しません。

一方、「関心の幅が広く、広い分野の教養を上手く活用できる人」は多くいます。筆者がこれまで欧州で出会ってきたグローバル企業の経営幹部やその候補といわれる人達の多くはそのような人物です。彼らに共通することは、必要な時に必要な知識や情報を、自ら、または専門家に尋ね収集・分析できることです。

そこで彼らが教養を広げる目的は大きく2つです。1つ目は、自らの人間力の向上です。1人の人間としてまたリーダーとしての器と品格を高めるためです。2つ目は、自らの仕事の向上です。具体的には、日々得る教養を、事業のビジョンや戦略づくり、組織管

理、契約交渉などに活かすことです。また、海外での事業経営で活用するためです。

例えば、自社製品を海外市場で輸出販売する際に進出を目指す国・地域のカントリーリスクを評価する必要があります。また、当地の法制度や文化的特性に合った商品づくりとマーケティング活動を行う必要があります。これには、対象の国・地域の歴史、政治、経済、社会、宗教などの幅広い教養が必要になります。

また、国際的なM＆Aや合弁事業の検討では、さらに複雑で幅広い教養が必要となります。買収候補企業が拠点を置く国や地域の歴史、宗教、地政学、政治、文化などを研究する。これにより、買収企業のステークホルダー（従業員、株主、国内取引先、関係行政、メディアなど）の文化特性を分析する必要があります。具体的には、自社と相手の思考パターン、行動原理、コミュニケーション方法、意思決定方法、商慣習、時間の概念、職業観、家族観、労使関係、上司・部下の概念、義務と権利に対する考えなどです。これらを考慮に入れ、買収スキームをつくり、交渉を進め、買収後の経営戦略や派遣経営幹部の人選などを行う必要があるからです。

実は真のリーダーは文化を謙虚に学ぶ

筆者は、主に欧州企業に対し、「戦略（事業と経営）」と「文化（異文化マネジメント、特に日本・アジアとの）」の2つを連動させることを主眼にサポートに入ります。そこで出会ったリーダー達の学ぶ姿勢には2つの共通点があります。

1つ目は、経営幹部ほど文化への好奇心が強いことです。例えば、異文化マネジメント教育を、役員自ら率先して受講します。現場の中間管理職やスタッフに先駆けてです。このことを示す2社の事例を示します。

事例1　自動車関連メーカーA社

同社は、クロスボーダーの提携や買収を検討する際、交渉を有利に進める、提携後のマネジメントを有効に進めるために、早い段階で、経営幹部が集まり、相手国や相手企業の文化を学ぶワークショップを実施した。
自社の運命を左右するような戦略的プロジェクトでは、トップ含め数十名の本社幹部が、数日間にわたり缶詰状態で行うこともある。これに加え、提携成立後に提携先企業に赴任する経営幹部は、数日間にわたり異文化環境下でリーダーシップを発揮するための研修やコーチングを受ける。

事例2　嗜好品メーカーB社

同社、特にR&D部門は、グローバル展開される各種のブランドや商品に関わる。従って大多数のプロジェクトは、異なる①事業分野、②商品ブランド、③職種（研究、マーケティング、人事など）、④国・地域という4種類のマトリクス組織で行う。そのため各プロジェクトリーダーは、毎日のように世界各地に散らばる文化（国・事業・ブランド・職種）も行動原理も異なる人達を、まとめあげリードしながら仕事をせざるを得ない。

こうした背景から、同社では、豊かな国際経験が役員登用の条件の1つとなっており、トップ主導で、経営幹部の異文化マネジメント能力の向上を図っている。

2つ目の共通点は、真のリーダー達は謙虚ということです。1つ目の自ら率先した研修受講もそうですが、グローバルな巨大企業の経営幹部でありながら、筆者のような一介のコンサルタント兼大学教員に対し謙虚かつカジュアルな姿勢で接してくれます。筆者に「自分はこう考えるが、あなたはどう思うか?」「ここがよくわからなかった。もう一度説明してもらえないか」「これは初めて知った。ためになった」と忌憚なく質問・意見・感想を投げかけてくれます。彼らにとって筆者は、文化的にも専門分野も異なる存在であるからこそ、強い好奇心をもって自ら心をオープンにし接してくれているというのが伝わってきます。

しっかり休みバカンスを楽しむ

バカンスの語源はラテン語のＶＡＣＡＮＳ（空っぽ、自由、何もない）です。また現在、統計上一般的に採用されている定義は、自宅外での連続4泊以上の移動となります（世界旅行協会）。もちろんそこには業務出張、修学旅行、留学、忌引き、療養は含まれません。

そこで、長期休暇をしっかり取りバカンスに出ることは、大きく次の4つの効果をもたらします。

1つ目は、時間あたり生産性の向上です。長期休暇をきちんと取ることで年間労働日数が減ります。その分、日常の取り組み業務内容や働き方を工夫し効率化を図る、または同時に仕事の集中度を高めようとのインセンティブが働きます。

2つ目は、心身のリフレッシュです。日常のストレスから解放され心身の疲れが回復します。様々な研究から次の効果をもたらすとされています。

- 日光浴や運動による脳内の神経伝達物質（セロトニンやエルドルフィン）の増加
- 結果、ストレス解消、精神の安定、頭の回転、食欲、睡眠の質が高まる
- 性交渉が、25〜45％増加
- 慢性疾患リスクが低減（肥満、糖尿病、高血圧、脳血管障害など）
- アレルギー系疾患の発症が減る（アトピー性皮膚炎、アレルギー、喘息）

3つ目は、幸福感の高まりです。次ページの図表17の全米旅行協会による2018年調査によると、休暇中の旅行日数が多い人ほど幸福感が高くなっています。

4つ目は、新しい学びと発見です。旅先で自然、芸術文化、人々との触れ合いを通じ新たな教養を得られます。これにより自分の生活や仕事に役立つ新たな発見も期待することができます。

図表17：
休暇中の旅行日数の割合が高い人と少ない人の幸福度比較

幸福の領域	旅行利用が75%以上	旅行利用が25%以下	差異（%）
身心の健康	61%	39%	＋22
休暇中の時間利用	76%	48%	＋18
勤める会社（※1）	59%	46%	＋13
人との関係性	79%	66%	＋13
自分の仕事	57%	46%	＋11

※1．バカンスを奨励する企業の社員と、そうではない企業の社員では、
✓幸福度がそれぞれ72%・42%と差が出る（愛社精神にも影響）
✓自分の仕事に対する幸福度も、それぞれ68%・42%と差が出る
出典：U.S Travel Association - The State of American Vacation 2018より作成

こうしたことから、欧州ではバカンスに出る人が多くなります。夏季休暇中で、バカンスに出る人の割合（出発率）は約6割で（日本は1割）、日数は14日です（日本は3日）。特に、前述した通りエグゼクティブほどしっかりと長期休暇を取りバカンスに出る傾向が強くなります。

あえてマイノリティ環境に身を置く

一般的に、日本も含め集団性の強い国や地域では、個人の考えや個性を出さずに、周囲の空気や目線に合わせる人が多くなることは序章でも触れました。ただこうした人は、カオス化する現代社会では道標を失い路頭に迷う危険性があります。先の見えない社会での目まぐるしい環境変化に動じることなく強く生きるには「自分軸」をもち、これにより自分のとるべき言動を判断する必要性が高まります。

そこで、早くしっかりした自分軸をもつためには、あえて自分が社会的マイノリティとなる環境で生きてみることです。同じような人達しか周りにいない今の居場所から離れ、マイノリティ側に立つと、「なぜ自分は他の人達と違うのか？　自分は何者で何をすべきか？」と自分のアイデンティティ探しをせざるを得なくなるからです。その過程で、時には焦燥感に駆られプレッシャーもかかりますが、こうした自問自答を繰り返すうちに自然に自分軸ができます。

筆者はこれまで多数のグローバル企業経営者のサポートに入りましたが、こうした企業トップにはマイノリティ経験者が多いことに気付かされます。典型的なフランス企業なのに本人はフランス人ではない、文化の異なる複数国で難しい仕事をしてきた、幼少のときから転校が多く様々な国・地域で生活してきたなどです。

例えば、筆者もコーチした世界4位の自動車グループ・ステランティスＣＥＯのカルロス・タバレス氏もそうです。ポルトガルで生まれ育ち、17歳でフランスに渡りエンジニア大学を卒業しています。おまけにレースカーのパイロットです。日産の本社役員とアメリカの社長、ルノーＣＯＯを経て、当時のＰＳＡ（プジョーシトロエングループ）のＣＥＯに転身し、現在に至っています。まさに世界を股にかけマイノリティ人生を歩んでいるような人物です。

また歴史上にも、マイノリティから光明を放ったユニークな人物が多くいます。例えば、フランス革命の精神的支柱となった「社会契約論」を提唱した哲学者ジャン＝ジャック・ルソーです。彼は、大学には行かず、独学で哲学を学びます。幼少時に母親を亡くし父親とも離別し養子に出されます。若い頃からアルバイト代を本につぎ込み、生まれ故郷のスイスからフランスやイギリスを転々とし哲学研究を進めた人物です。彼の人生は、同じ時代に社会契約論を提唱した英国のジョン・ロックやトマス・ホッブスの人生とは対称的です。彼らは、オックスフォード大学を出てエリート街道を歩んでいたからです。

サステナブルな社会づくりに参加する

地球の歴史46億年を1年に見立てた地球カレンダーでは、ホモサピエンス誕生が12月31日の23時37分、西暦の始まりが同日の23時59分47秒です。さらに人類が、化石燃料と鉱物資源を掘り出し、地球の汚染と生物多様性の破壊を本格化した産業革命からわずか260年足らずです。つまり年明け前のわずか1秒程度の集中的な人間活動により、地球はヒートアップし、様々な自然資源の枯渇と人間をも含む全生物の生存権が脅かされているとなります。

こうした危機に対し、30年ほど前から世界は連携し、自然環境と人間社会の回復を目指す取り組みを開始しました。そして、このサステナブル社会への転換は、パリ協定とSDGs（持続可能な開発目標）が採択された2015年以降加速しています。

このサステナブル社会づくりは、グローバルイシューです。ですから、その主役は、国際機関、各国政府、地方自治体、企業から市民まで全てのステークホルダーです。こうした中、筆者も自分に課していることですが、一市民として日常生活の中でできる行動はとりたいものです。また可能であれば、世界市民として、自分が住む町や国だけでなく世界に目を馳せ、この分野の教養を高め、これを基にアクションに繋げたいものです。

幸いに、日本には歴史的にこのサステナブル社会の基盤があります。自然を敏感に感じとり、自然と共生し自然に感謝してきた。また、家族の枠を超えた村民たちの互助活動の歴史があります。今でもその一部は地域の祭事や習慣として受け継がれています。先進国を中心に日本を訪れる外国人は、このような日本のサステナブル性に魅了されます。日本人が知らない、または行ったことがないような伝統や人々の笑いがある里山を訪ねたりします。序章から第1章に示した、日本人の文化と共に、この日本独特のサステナブル性を世界に伝え貢献してゆきたいものです。

おわりに

ここまで本書を読んでいただきありがとうございました。個人のみなさまには、今後の人生の選択肢と可能性を広げていただくために、また、組織関係者のみなさまには、様々な重要課題への対応にお役に立てたのであれば幸いです。

最後にここでぜひともみなさまと共有したい3つのメッセージがあります。これらは、本書でお伝えした「7つの当り前から抜け出すこと」と「6つの能力を磨くこと」の必要性を、筆者自身が強く感じるにいたった「きっかけ」でもあり「ライフワーク」にしているものです。

メッセージ1.「日本は狭い、小さくなる、だから世界に出るべき！」

これは筆者が以前から一貫して追い求めてきたことです。確かバブル経済下の1992年頃でした。当時は日本で典型的なサラリーマン生活を送っていました。勤めていた旅行会社で「日本は小さくなる、だから世界に出るべき！」と叫んだのが最初です。

この勤め先は、素晴らしい会社でした。ただ当時、95％以上のビジネスは日本人のお客様で成り立っていました。当時、世界の人口は54億人で、その後も急増することはわかっていました。そのうち、日本は1億人ちょっとで、その後減り続けることもわかっていました。ですから「日本と海外の間だけでなく、海外と海外の間でのインバウンドとアウトバウンドに参入し、53億人（54億人－1億人）＋α（将来の増加人口）という膨大なグローバル市場を取り込まない手はない」と当時の経営参謀的な立場の人達に提案して回ったのです。

残念ながらその時は賛同を得られずプロジェクトは立ち上がりませんでした。ただ退社後わかったことですが、同社がその後2000年代後半から、グローバル市場進出を強化しました。10数年前の筆者の叫びが届いたわけではないですが、言い出しっぺとしては嬉しく思いました。

さてここで、前述の提案から30年を経た今、予測通り日本は相対的に縮小しました。またこの傾向は今後も加速します。世界に占める人口の割合は、2022年の1・6%から、2060年には1%を割り、世界に占めるGDPの割合も、2022年の5・7%から2060年には2・3%に減ると予測されています。

もちろん、この自国の相対的な規模の縮小は、日本に限ったことではありません。全ての先進国が抱える課題です。そのため、欧州、北米、日本いずれも経済面では、地域連携強化（欧州のEU、北米のUSMCA、日本は交渉中の日中韓FTAなど）とグローバルサウスとの連携強化の2本立てでグローバル化を推し進めています。それに伴い世界のほぼ全ての地域で、企業の国際事業比率が高まっています。

また同時に、全ての先進国で、国外に生活拠点を移す人がこの数十年で急増しています。例えば、国外に住むフランス人は、20年で2倍近く増加しました（フランス外務省）。国外に住む日本人も30年で2倍以上に膨らんでいます（日本外務省）。世界全体の移民数も30年で2倍近く増加ですから、もはや移民は、後進国から先進国、後進国から後進国、先進国から先進国へと、全方位で拡大しています。

そして、筆者もこの先進国から先進国への移民の1人です。1996年に日本でのサラリーマン生活に終止符を打ち、フランスへ拠点を移しました。すでに36歳になっていました。わずかの貯金を携え、家族ぐるみの移住です。長男がちょうど1歳の誕生日を迎えた直後です。遅ればせながら公私ともに文化的に多様な海外の荒波に身を置くことにしたのです。この決断の理由は単純です。自分らしい人生を、自分で開拓したいとの思いからでした。というのも、前述した勤務先での提案の直後に、筆者は異動を命じられました。それまでの楽しく充実した仕事から、全く興味がなく苦手な仕事に就くことになりました。そのこともあり、これ以上、日本独特のメンバーシップ型雇用の下で会社に自分と家族の行方を左右されながら生きるのは無理と悟ったからです。もちろん、移住にあたっては、多少の不安もありましたが、失敗したら別の道を考えればいいと軽い思いで敢行しました。

それから20年以上が経ちます。その間、フランスの公的機関でアジア担当マネジャー、売上げの8割を国外で稼ぐフランスの中小企業で雇われ社長、国際事業経営分野の調査・コンサルティング事務所の主宰者や大学教員をしてきました。このように立場は様々ですが一貫して「世界に出る」に関わり続け、国際分野の仕事に関わってきました。これに加え、旅好きということもあり、公私にわたり様々な地域の人達と文化に触れてきました。

その結果、毎年それまで想像すらできなかった様々な新たな景色が広がっていきました。理由は、本書で示した7つの当り前から抜け出せるようになり、6つの能力も次第についてきたからだと確信しています。もちろん、これら全ては道半ばです。いまだゴールは見えていません。ですから一生続けるつもりです。

こうした自己体験からも、「日本は狭い、小さくなる、だから多様と違いの宝庫である世界と接するべき！」というメッセージを、ぜひみなさまと共有したいと思います。そのやり方はいろいろあります。海外移住、海外と日本の2拠点生活、海外を転々とするノマドワーカーなどです。また、日本にいながら海外と触れる方法も山ほどあります。本書に示したように地球儀を回し世界に心を馳せる癖をつける、オンラインで外国人コミュニティに参加する、海外メディアを見る癖をつける、短期出張やオンラインで海外と仕事をするなどです。このように、みなさまそれぞれが、目指したい人生やキャリアデザイン、置かれた立場、可能な条件に応じ、最もやりやすい方法をとればいいのです。これを同じ志をもつ仲間とやると効果がさらに高まります。筆者でよろしければいつでも喜んでご一緒します。

メッセージ2.「日本の美徳をしっかり理解し世界に伝えよう！」

これも筆者が以前から行っていたことです。その背景には、前章に示したサステナブル社会への転換という潮流があります。これが日本を含め世界的に加速したのは、パリ協定とSDGs（持続可能な開発目標）が採択された2015年以降です。ただ欧州では2000年代にはこの動きがかなり広がっていました。フランスでも、2001年政府が、上場企業に対し年次会計報告書の中で、社会と環境への配慮に関わる活動状況報告を義務化しました（新経済規制に関する法律）。また2003年、産業界最大の経営者団体MEDEF（日本の経団連に相当）は、持続可能な発展に関する専門委員会を設立し、同分野の活動を本格化します。

その頃から急に、全国各地で、同分野のセミナー、メディア報道、学術研究が増えてゆきました。また同時に、面白いことが起きました。日本人社会のサステナブル性が注目され始めたのです。日本の歴史の中で育まれてきた思想、価値観、生活様式、美観、経済活動などです。まさに社会（ヒト）と環境（自然）にウェルビーイングをもたらすものが日本にあるというのです。こうした日本への注目は、特に、２００８年の世界的な金融危機以降に高まりました。

例えば、筆者にも講演依頼がありました。２００９年11月フランス・リール市で開催された「持続可能な経済のための世界フォーラム」です。「役員報酬にみる日本企業の持続性」について話してほしいというのです。当時、欧米を中心に経営トップと社員の平均賃金との間にある格差の拡大が社会的に強く非難されていました。アメリカのＳＰ５００企業が３００倍、欧州の大手企業でも25倍でした。これに対し、日本の大手企業では10倍でした。この相対的に小さな日本企業での報酬格差の背後にある社会・文化的な要因を知りたいというのです。そこで、三方良し、経済道徳合一説、報徳思想なども交え話したところ、これを聴いていたメディアから取材や寄稿の依頼があるなど大きな反響を呼びました。

世界を魅了する日本の美徳は、こうした社会倫理性を重視した経済思想や経営慣行の他にも多くあります。これらについては、筆者も十数年前から国内外で発信しています。著書や講演などあらゆる機会を通じて、外国人だけでなく日本のみなさまにもお伝えしていますが、その一部を次に示します。

ライフスタイルや美観の分野では、第3章でも紹介した「Ikigai(生き甲斐)」があります。エクトル・ガルシア氏とフランセスク・ミラージェス氏が沖縄県大宜味村での調査を基に日本人の長寿と幸福の秘訣を記した書籍（57カ国語に翻訳）を筆頭に、各種メディア（BBC、YOUTUBEなど）を通じ世界に広がる概念です。このほか、静寂、平穏、平静を保つという日本人の生活態度を示す「Zenitude(禅的態度)」、ミニマリズム、シンプル、素朴、不完全の美を表す「Wabi-Sabi(侘び寂び)」、古きものを再生し新たな息と美を吹き込み、末永く使い続ける再生の美（裂き織り、金継ぎなど）、職場環境の改善や業務の効率化のための5S

活動（整理、整頓、清掃、清潔、躾）や世界的ベストセラー書籍となった近藤麻理恵さんの整理術に代表される無駄を省く行動様式、禊（みそぎ）、お清め、御手洗（みたらし）などです。

コミュニティの分野では、村民が力を合わせた共同作業「結（ゆい）」です。その代表例は、飛騨の白川郷や南会津の大内宿の茅葺屋根の葺き替え、また各地の田植えや稲刈り時にも見られます。また、地方を中心に今でも見られる冠婚葬祭や災害時などに必要に応じ互いに労働力を提供し合う「合力（ごうりき）」、山梨の「無尽（むじん）」や沖縄の「模合（もあい）」にみられる金銭の相互扶助なども、困ったときはお互い様と隣人同士の絆を深めるものです。

自然に対する感受性や人との融合性の分野では、第5章でお伝えした俳句の世界的な広がりが象徴的です。そのほか、季節の移ろいを文学、料理、家や店の飾り、供え物などに取り入れる慣習、日本発で世界に広がる森林浴や植樹（宮脇メソッドなど）、世界でも日本にしかない駅弁や道の駅に代表される地産地消を推し進めるシステムなどです。

以上ですが、これらの日本の美徳は、筆者ではなく、あくまで世界の人々が言っていることです。また、筆者自身も客観的な視点から世界に誇れるものと確信するものです。

ではなぜ、こうしたものを世界が注目するのか？　その理由は簡単です。これら全てが、18世紀の産業革命以来、世界的に広がった負の遺産に対するアンチテーゼだからです。飽くなき金欲と物欲にとり付かれたカジノ経済による大量生産・大量消費・大量廃棄、その結果失い続けられてきた人間社会の温もり、豊かな自然環境、社会の秩序を取り戻すための大きな振り子となるからです。

この世界が注目する日本古来の美徳を再認識し、世界に伝え続けたいものです。ただ、これだけでは宝の持ち腐れでもったいないです。温故知新を目指したいものです。これらの美徳に国際的な視点、デザインとテクノロジーを加え、未来の社会・暮らし方、事業経営のモデルを構築し世界に広げたいものです。これにより、平和国家としての日本と日本企業の競争力、レゾンデートル、プレゼンス、技術力、ソフトパワーを高められます。同時に、世界に誇る日本の新たな産業として世界のサステナブル社会づくりに貢献できます。これこそが、筆者も含め世界に対する日本人の役割であると考えます。

メッセージ3．「このままでは日本は変わらない、だからみなで変えよう！」

これも筆者が一貫して持ち続けてきた考えです。日本ではこの30年、メディアなどを通じ、衰退論や将来に対する悲観論が高まり続けています。背景には、国や組織（企業、役所、学校など）が抱え続ける構造的問題が、未解決、または悪化の一途をたどるということがあるでしょう。特に、進む少子高齢化と人口減、低迷する生産性、縮まないジェンダーギャップ、増えない所得、上がり続ける相対的貧困率、膨らみ続ける国の借金、減り続ける一人あたりGDPです。また、その影響を受けた人々の心の陰りもあるでしょう。特に、多くの国際比較調査で浮かび上がる日本人の低い幸福感、自己肯定感、満足度（自分自身・職場生活・家族生活に対し）と自国の将来に対する希望や自らの社会を変えようとする意欲の低下です。

他方、政界や財界のリーダー達のほぼ全員が、こうした山積する問題に対し改革を声高に叫び続けてきました。ところが、一部を除き大多数の問題では、ビジョンが示されることがなく、本質は変わらず、中長期的に好転する兆しは見えません。

なぜ変わらないのか？　本書を読んでいただいたみなさまはすでにおわかりかと思います。まさに、こうしたリーダー達の多くが、本書で示した、7つの当たり前という狭い殻の中に留まっているからです。その結果、6つの能力の重要性すら認識できない、または認識していても自らそれを磨こうとしていないからではないでしょうか。

こうしたことから「このままでは日本は変わらない、だからみなで変えよう！」というメッセージを、ぜひみなさまと共有したいと思います。

そのやり方は、いろいろあります。自らそのリーダーとなり実践する、こうしたリーダーを育てる立場に回る、こうしたリーダーを外から連れてくる、選挙など正当な手段でリーダーの交替を推し進めるなどです。

以上、3つのメッセージをぜひともみなさまと共有できればと思います。そして共に行動できれば幸いです。また、冒頭でもお伝えしましたが、本書の内容に関するご質問やご意見がありましたら、お気軽にメールをください。

もちろん、反論も大歓迎です。なぜなら反論は、貴重だからです。みなさまとの議論を通じ、様々な異なる視点と意見をぶつけ合い、より良い集団知を創り出せるからです。

その際、こうした対話を通じて、最終的に全ての考え方が一致しなくてもいいのです。

「私はあなたの言うことに反対だが、あなたがそれを言う権利を死守する」……これは、フランス革命にも影響を与えた啓蒙思想家の一人ヴォルテールの考えです。イギリスの作家ホールが1906年に執筆した『ヴォルテールの友人』の中で、ヴォルテールの考え方を説明する逸話として示したものです。想像してみてください。チームメンバー全員にこうした姿勢があれば、まさに革新的な集団知が生まれます。

末筆になりますが、本書をつくるにあたり、編集と取りまとめをしていただいた日本能率協会マネジメントセンターの新関拓さん、コーディネートと貴重なアドバイスをしていただいた宮原陽介さん、その他ご協力をしていただいたみなさまに厚く御礼を申し上げたいと思います。

本当にありがとうございました。

立春を迎え、早咲き桜を楽しめるパリより

２０２３年２月

永田公彦

【著者紹介】

永田　公彦（Nagata Kimihiko）
Nagata Global Partners 代表
INALCO（フランス国立東洋言語文化大学）非常勤講師
専門は、国際事業経営、サステナブル事業経営、グローバルリーダーシップと人材育成

20年以上にわたり、欧州とアジアを中心に、世界各地で調査・コンサルティング・教育活動を行う。特に、国際アライアンス・M&A・合弁事業やチェンジマネジメントなどの重要局面において「戦略」と「文化」の両面から解決する（英仏日３カ国語対応）。クライアントは、ルノー、ロレアル、LVMHグループ、トムソン、アレバなど欧州系フォーチュン・グローバル500企業の本社を中心に、スタートアップ企業や公的機関も含めアメリカ、アフリカ、アジア、日本に拡がる。

同時に、大学教育にも従事する。リヨン第二大学非常勤講師（アジア経済・経営修士コース1998～2000年）、北九州市立大学特任教授（グローバル人材育成教育、2013～2017年）、旧パリ第9大学非常勤講師（異文化マネジメント修士課程､2014～2019年）を歴任し、現在は、INALCO（フランス国立東洋言語文化大学）の修士課程で非常勤講師を務める。

また、執筆活動、講演活動、学術研究にも力を注ぐ。国内外の書籍・雑誌・学術誌・学会・一般公演を通じて、専門分野はもとより、文化芸術から社会問題まで幅広く発信する。書籍『日本人こそ見直したい、世界が恋する日本の美徳』（ディスカヴァー携書2012年）、オンラインメディア・コラム多数（日本経済新聞ネット版2007～2010年、ダイヤモンド･オンライン2011年～、朝日新聞･論座2018年～）

email: info@nagata-gp.com
URL: https://www.nagata-gp.com

グローバルリーダー養成講座
脱「日本的思考」のすゝめ

2023年3月10日　初版第1刷発行

著　者――永田公彦

発行者――張 士洛
発行所――日本能率協会マネジメントセンター
〒103-6009 東京都中央区日本橋2-7-1 東京日本橋タワー
TEL 03(6362)4339(編集)／03(6362)4558(販売)
FAX 03(3272)8128(編集)／03(3272)8127(販売)
https://www.jmam.co.jp/

ブックデザイン――山之口正和＋齋藤友貴（OKIKATA）
本文DTP――株式会社RUHIA
著者エージェント――アップルシード・エージェンシー
印刷・製本――三松堂株式会社

ISBN978-4-8005-9086-2 C2034
落丁・乱丁はおとりかえします。
PRINTED IN JAPAN